Classic
Acoustic
Playlist

Published 2003
© International Music Publications Limited
Griffin House, 161 Hammersmith Road, London, W6 8BS, England

Editorial and production by Artemis Music Limited
Folio design by Dominic Brookman

How to use this book

All the songs in this book have been carefully arranged to sound great on the acoustic guitar. They are all in the same keys as the original recordings, and wherever possible authentic chord voicings have been used, except in cases where an alternative voicing more accurately reflects the overall tonality.

Where a capo was used on the original track, it will be indicated at the top of the song under the chord boxes. If you don't have a capo, you can still play the song, but it won't sound in the same key as the original track. Where a song is played in an altered tuning, that is also indicated at the top of the song.

Understanding chord boxes

Chord boxes show the neck of your guitar as if viewed head on – the vertical lines represent the strings (low E to high E, from left to right), and the horizontal lines represent the frets.

An x above a string means 'don't play this string'.

A o above a string means 'play this open string'.

The black dots show you where to put your fingers.

A curved line joining two dots on the fretboard represents a 'barre'. This means that you flatten one of your fretting fingers (usually the first) so that you hold down all the strings between the two dots, at the fret marked.

A fret marking at the side of the chord box shows you where chords that are played higher up the neck are located.

Tuning your guitar

The best way to tune your guitar is to use an electronic guitar tuner. Alternatively, you can use relative tuning – this will ensure that your guitar is in tune with itself, but won't guarantee that you will be in tune with the original track (or any other musicians).

How to use relative tuning

Fret the low E string at the fifth fret and pluck – compare this with the sound of the open A string. The two notes should be in tune – if not, adjust the tuning of the A string until the two notes match.

Repeat this process for the other strings according to this diagram:

E A D G B E

Tune A string to this note

Note that the B string should match the note at the 4th fret of the G string, whereas all the other strings match the note at the 5th fret of the string below.

As a final check, ensure that the bottom E string and top E string are in tune with each other.

Contents

Ain't No Sunshine

Words and Music by
BILL WITHERS

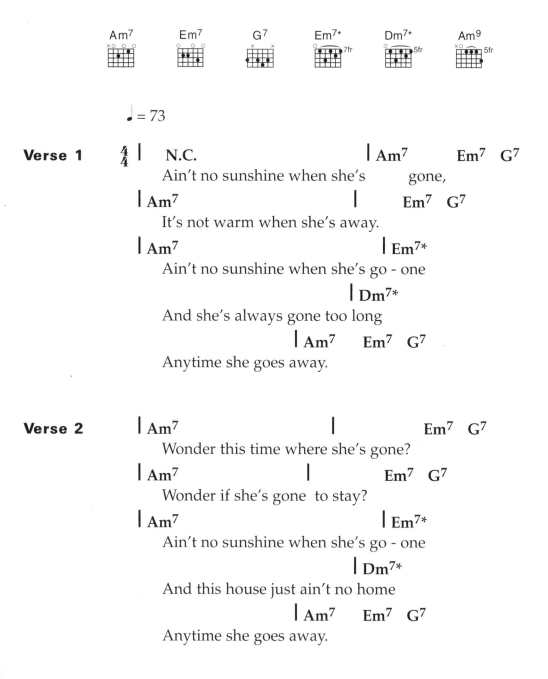

♩ = 73

Verse 1 $\frac{4}{4}$ | N.C. | Am⁷   Em⁷ G⁷

Ain't no sunshine when she's   gone,

| Am⁷ | Em⁷ G⁷

It's not warm when she's away.

| Am⁷ | Em⁷*

Ain't no sunshine when she's go - one

                 | Dm⁷*

And she's always gone too long

            | Am⁷   Em⁷ G⁷

Anytime she goes away.

Verse 2 | Am⁷ | Em⁷ G⁷

Wonder this time where she's gone?

| Am⁷ | Em⁷ G⁷

Wonder if she's gone to stay?

| Am⁷ | Em⁷*

Ain't no sunshine when she's go - one

            | Dm⁷*

And this house just ain't no home

         | Am⁷   Em⁷ G⁷

Anytime she goes away.

Bridge | Am⁷

And I know, I know, I know, I know,

‖: N.C.   x4 :‖

I know, I know, I know, I know,

I know, I know, I know, I know, I know,

| |

I   know, hey, I ought to leave the young thing alone,

| Am⁷   Em⁷ G⁷

But ain't no sunshine when she's   gone._____

Verse 3 | Am⁷   Em⁷ G⁷

Ain't no sunshine when she's   gone,

| Am⁷ | Em⁷ G⁷

Only darkness every day.

| Am⁷ | Em⁷*

Ain't no sunshine when she's go - one

| Dm⁷*

And this house just ain't no home

| Am⁷   Em⁷ G⁷

Anytime she goes away.

| Am⁷ | Em⁷ G⁷

Anytime she goes away.

| Am⁷ | Em⁷ G⁷

Anytime she goes away.

| Am⁷ | Em⁷ G⁷ | Am⁹   ‖

Anytime she goes away.

All Tomorrow's Parties

Words and Music by
LOU REED

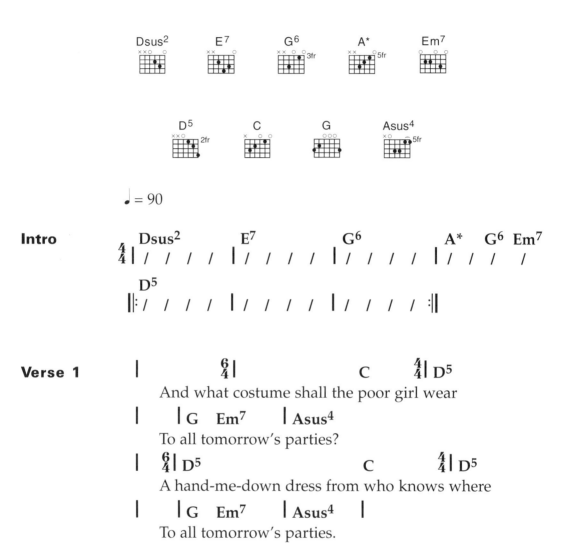

♩ = 90

Intro

Dsus2   E7   G6   A* G6 Em7
4/4 | / / / / | / / / / | / / / / | / / / /

D5
‖: / / / / | / / / / | / / / / :‖

Verse 1

| 6/4 | C   4/4 | D5
And what costume shall the poor girl wear

| | G Em7 | Asus4
To all tomorrow's parties?

| 6/4 | D5   C   4/4 | D5
A hand-me-down dress from who knows where

| | G Em7 | Asus4 |
To all tomorrow's parties.

Chorus 1

    |G |Asus^4

And where will she go and what shall she do

      |G |Asus^4 |

When midnight comes around?

    | $\frac{6}{4}$|D^5 C $\frac{4}{4}$|D^5

She'll turn once more to Sunday's clown

    | |G Asus^4 |D^5 |

And cry behind the door.

Instrumental   D^5

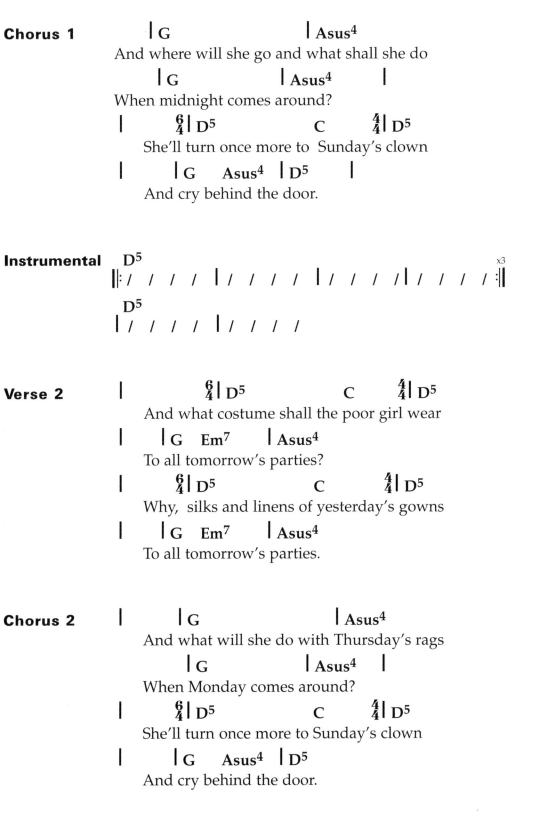

    D^5

Verse 2

    | $\frac{6}{4}$|D^5 C $\frac{4}{4}$|D^5

And what costume shall the poor girl wear

    | |G Em^7 |Asus^4

To all tomorrow's parties?

    | $\frac{6}{4}$|D^5 C $\frac{4}{4}$|D^5

Why, silks and linens of yesterday's gowns

    | |G Em^7 |Asus^4

To all tomorrow's parties.

Chorus 2

    | |G |Asus^4

And what will she do with Thursday's rags

      |G |Asus^4 |

When Monday comes around?

    | $\frac{6}{4}$|D^5 C $\frac{4}{4}$|D^5

She'll turn once more to Sunday's clown

    | |G Asus^4 |D^5

And cry behind the door.

Instrumental D⁵

‖: / / / / / | / / / / / | / / / / / | / / / / / :‖ x5

D⁵

| / / / / / | / / / / |

Verse 3 | $^6_4$| D⁵ C $^4_4$| D⁵

And what costume shall the poor girl wear

| | G Em⁷ | Asus⁴

To all tomorrow's parties?

| $^6_4$| D⁵ C $^4_4$| D⁵

For Thursday's child is Sunday's clown

| | G Em⁷ | Asus⁴

For whom none will go mourning.

Chorus 3 | | G | Asus⁴

A blackened shroud, a hand-me-down gown

| G | Asus⁴ |

Of rags and silks, a costume / / / /

$^6_4$| D⁵ C $^4_4$| D⁵

Fit for one who sits and cries ____

| | G Asus⁴ | D⁵ | |

__ For all tomorrow's parties. / / / /

Coda D⁵ x4 D⁵

‖: / / / / / | / / / / / | / / / / / | / / / / / :‖ / / ‖

Alone Again Or

Words and Music by
BRIAN MacLEAN

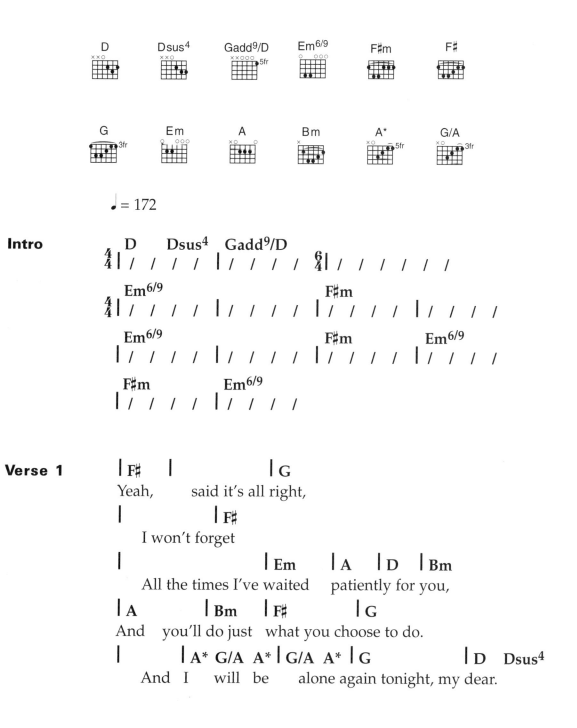

Link

Gadd⁹/D

| / / / / / ⁶₄| / / / / / /

⁴₄ Em⁶/⁹   F♯m
| / / / / / | / / / / | / / / / | / / / /

Em⁶/⁹   F♯m   Em⁶/⁹
| / / / / / | / / / / | / / / / | / / / /

F♯m   Em⁶/⁹
| / / / / / | / / / /

Verse 2

| F♯ | | G
Yeah,   I heard a funny thing:

| | F♯
   Somebody said to me,

| | Em | A | D | Bm
   'You know that I could be in love with almost everyone.

| A | Bm | F♯ | G
I think that people are the greatest fun.'

| | A* G/A A* | G/A A* | G | D Dsus⁴
   And I   will   be   alone again tonight, my dear.

Link

Gadd⁹/D

| / / / / / ⁶₄| / / / / / /

⁴₄ Em⁶/⁹   F♯m
| / / / / | / / / / | / / / / | / / / /

Em⁶/⁹   F♯m   Em⁶/⁹
| / / / / | / / / / | / / / / | / / / /

F♯m   Em⁶/⁹
| / / / / | / / / /

Instrumental   F♯   G
| / / / / | / / / / | / / / / | / / / /

F♯   Em   A
| / / / / | / / / / | / / / / | / / / /

12

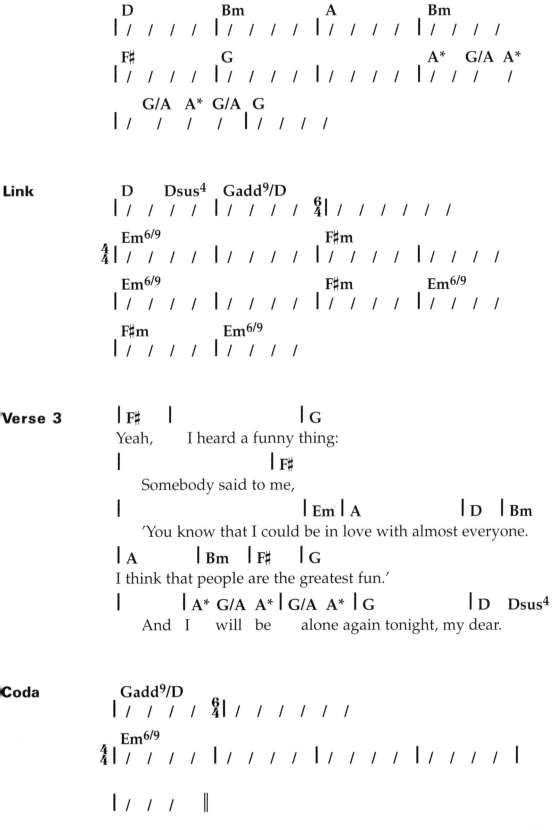

```
   D            Bm              A            Bm
| / / / / / | / / / / | / / / / | / / / /

   F#           G                        A*   G/A  A*
| / / / / / | / / / / / | / / / / | / / /  /

      G/A   A*  G/A  G
| /  /   /   /   /  | / / / /
```

Link

```
      D     Dsus⁴  Gadd⁹/D        6
| / / / / / | / / / / / | 4| / / / / / /

   4  Em⁶/⁹                          F#m
   4| / / / / / | / / / / / | / / / / / | / / /

      Em⁶/⁹                        F#m            Em⁶/⁹
| / / / / / | / / / / | / / / / | / / / /

      F#m             Em⁶/⁹
| / / / / / | / / / /
```

Verse 3

```
| F#    |                | G
Yeah,      I heard a funny thing:
|                    | F#
    Somebody said to me,
|                          | Em | A            | D  | Bm
    'You know that I could be in love with almost everyone.
| A        | Bm  | F#   | G
I think that people are the greatest fun.'
|          | A*  G/A  A* | G/A  A* | G           | D   Dsus⁴
    And  I   will  be      alone again tonight, my dear.
```

Coda

```
      Gadd⁹/D
| / / / / / 6| / / / / / /
           4

   4  Em⁶/⁹
   4| / / / / / | / / / / | / / / / | / / / / |

| / / / /  ‖
```

Another Brick In The Wall
Part II

Words and Music by
GEORGE ROGER WATERS

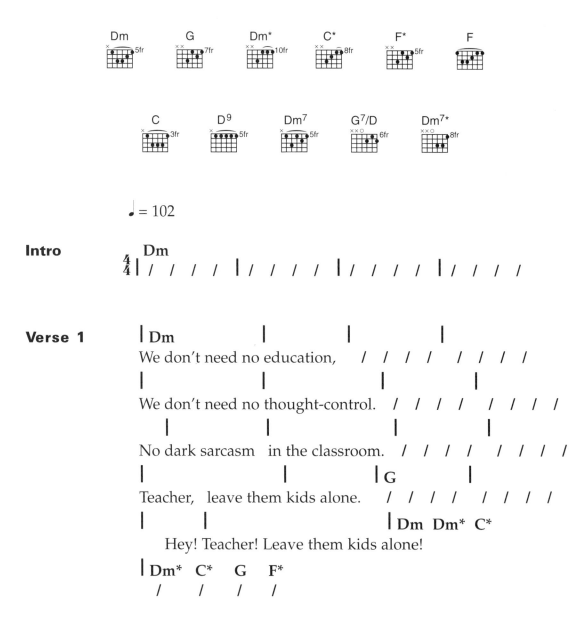

♩ = 102

Intro   Dm

Verse 1

Dm
We don't need no education,

We don't need no thought-control.

No dark sarcasm in the classroom.

Teacher, leave them kids alone.   G

Hey! Teacher! Leave them kids alone!   Dm Dm* C*

Dm* C* G F*

Chorus

| F | C | Dm |

All in all it's just a - nother brick in the wall.   / / / /

| F | C | Dm N.C.

All in all you're just a - nother brick in the wall.   / / /

| N.C.

/ / / /

Verse 2

| Dm | | |

We don't need no education,   / / / /   / / / /

| | | |

We don't need no thought-control. / / / /   / / / /

| | | |

No dark-star chasm in the classroom. / / / /   / / / /

| | | G |

Teacher, leave them kids alone.   / / / /   / / / /

| | | Dm Dm* C*

Hey! Teachers! Leave them kids alone!

| Dm* C*   G   F*

/   /   /   /

Chorus 2

‖: F | C | Dm | :‖

All in all you're just a - nother brick in the wall. / / / /

Guitar solo

Dm   D⁹ Dm   D⁹

| / / / / / | / / / / / | / / / / / | / / / / / |

Dm   D⁹ Dm

| / / / / / | / / / / / | / / / / / | / / / / / |

D⁹   Dm⁷

| / / / / / | / / / / / | / / / / / | / / / / / |

D⁹   Dm

| / / / / / | / / / / / | / / / / / | / / / / / |

G⁷/D   Dm⁷*

| / / / / / | / / / / / | / / / / / | / / / / / | *(fade)*

Bad Moon Rising

Words and Music by
JOHN FOGERTY

D*   A   G   D   A⁷   G⁷

♩ = 87

Intro

4/4 | D* A G D / / / / | / / / / |

Verse 1

| D   A G | D
I see the bad moon rising.

| D A   G | D
I see trouble on the way.

| D A G | D
I see earthquakes and lightning.

| D A G | D
I see bad times today.

Chorus

| G
Don't go around tonight,

    | D
Well, it's bound to take your life.

| A⁷   G | D
There's a bad moon on the rise.

Verse 2

    |D A   G |D
I hear hurricanes a-blowing.

    |D   A   G |D
I know the end is coming soon.

    |D A   G |D
I fear rivers over-flowing.

    |D   A   G |D
I hear the voice of rage and ruin.

Chorus 2

    |G
Don't go around tonight,

         |D
Well, it's bound to take your life.

    |A⁷   G |D

There's a bad moon on the rise.

All right!

Solo

    D*   A⁷ G⁷ D   D*   A⁷ G⁷ D
  |/ / / / |/ / / / |/ / / / |/ / / / |

    G   D   A   G   D
  |/ / / / |/ / / / |/ / / / |/ / / /

Verse 3

    |D   A   G |D
Hope you got your things together.

    |D   A   G |D
Hope you are quite prepared to die.

    |D   A   G |D
Looks like we're in for nasty weather.

    |D   A   G |D
One eye is taken for an eye.

Chorus 3 | G

Don't go around tonight,

       | D

Well, it's bound to take your life.

| A⁷   G | D

There's a bad moon on the rise.

Chorus 4 | G

Don't come around tonight,

       | D

Well, it's bound to take your life.

| A⁷   G | D   ‖

There's a bad moon on the rise.

Black Magic Woman

Words and Music by
PETER GREEN

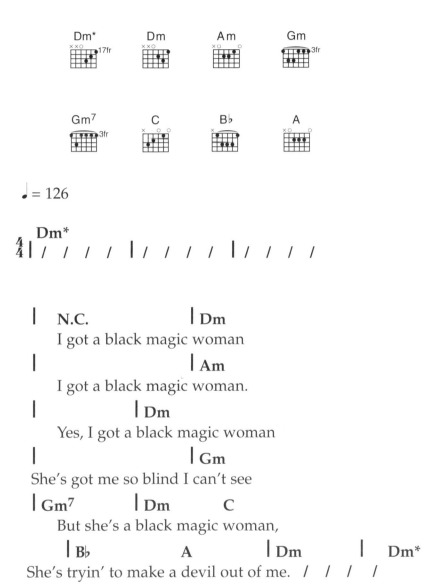

♩ = 126

Intro

$^4_4$ Dm*
| / / / / | / / / / | / / / / |

Verse 1

| N.C. | Dm
I got a black magic woman

| | Am
I got a black magic woman.

| | Dm
Yes, I got a black magic woman

| | Gm
She's got me so blind I can't see

| Gm⁷ | Dm   C
But she's a black magic woman,

| B♭   A | Dm | Dm*
She's tryin' to make a devil out of me. / / / /

Verse 2

```
|  N.C.                          | Dm
   Don't turn your back on me, baby.
|                               | Am
   Don't turn your back on me, baby.
|                   | Dm
   Yes, don't turn your back on me, baby,
        |              | Gm
   Don't mess around with your        tricks.
| Gm7            | Dm        C
   Don't turn your back on me, baby,
      | Bb          A        | Dm
   You might just wake up my magic      sticks.
   Dm*
| / / / / / | / / / / | / / / /
```

Guitar solo

```
   N.C.          Dm                        Am
   / / / /  | / / / /  | / / / /  | / / / /
                 Dm                        Gm
| / / / /  | / / / /  | / / / /  | / / / /
   Gm7           Dm   C       Bb   A       Dm
| / / / /  | / / / /  | / / / /  | / / / /
                              Am
| / / / /  | / / / /  | / / / /
                 Dm                        Gm
| / / / /  | / / / /  | / / / /  | / / / /
   Gm7           Dm   C       Bb   A       Dm*
| / / / /  | / / / /  | / / / /  | / / / /
```

20

Verse 3

| N.C. | Dm

You got your spell on me, baby.

| | Am

You got your spell on me, babe.

| | Dm

Yes, you got your spell on me, baby,

| | Gm

Turnin' my heart into stone.

| Gm⁷ | Dm   C | B♭

      I need you so bad – magic woman

         A | Dm | N.C. |

I can't leave you alone.

Both Sides Now

**Words and Music by
JONI MITCHELL**

D   Dsus$^{4/6}$ Dmaj^7 Dsus$^{4/9}$ Dsus$^{4/9*}$ D*

Capo 4th fret
Open D tuning (D A D F♯ A D)

♩ = 94

Intro

$\frac{4}{4}$ | D / / / Dsus$^{4/6}$ / | ℅ | ℅ | ℅ |

Verse 1

| Dmaj^7 Dsus$^{4/6}$ | Dsus$^{4/9}$ D   Dsus$^{4/6}$
Rolls and flows of angel   hair,

| D | Dsus$^{4/9*}$ | D*
And ice-cream castles   in the air,

| Dmaj^7 Dsus$^{4/6}$ | Dsus$^{4/9}$
And feather   canyons   everywhere,

| Dmaj^7 Dsus$^{4/6}$ | Dsus$^{4/9}$
I've looked at clouds that way.

| Dmaj^7 Dsus$^{4/6}$ | Dsus$^{4/9}$ D
But now they only   block the sun.

Dsus$^{4/6}$ | D   Dsus$^{4/9*}$ | D*   Dsus$^{4/9*}$
They rain and snow on   ev - eryone.____

| Dmaj^7 Dsus$^{4/6}$ | Dsus$^{4/9}$
So many   things I   would've done

| Dmaj^7 Dsus$^{4/6}$ | Dsus$^{4/9*}$
But clouds got in my way.

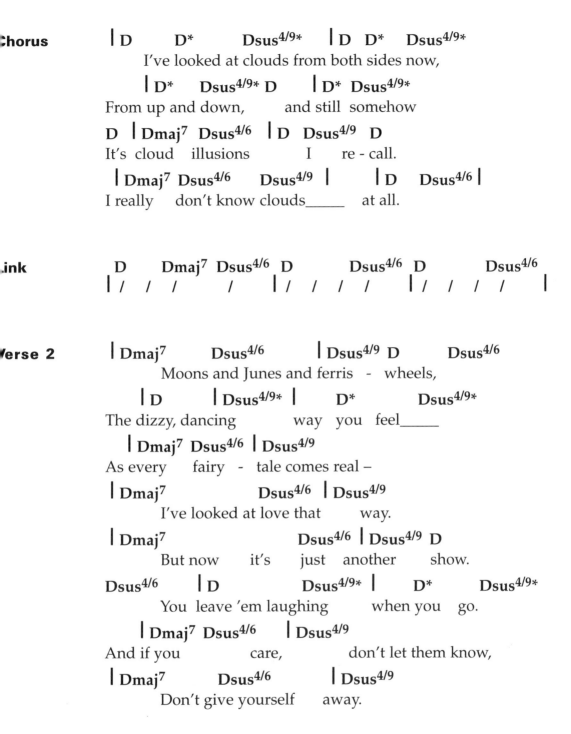

Chorus

| D   D*   Dsus^4/9^* | D D* Dsus^4/9^*

I've looked at clouds from both sides now,

| D*   Dsus^4/9^* D | D* Dsus^4/9^*

From up and down,   and still somehow

D | Dmaj^7^ Dsus^4/6^ | D Dsus^4/9^ D

It's cloud   illusions   I   re - call.

| Dmaj^7^ Dsus^4/6^   Dsus^4/9^ | | D   Dsus^4/6^ |

I really   don't know clouds_____   at all.

Link

D   Dmaj^7^ Dsus^4/6^ D   Dsus^4/6^ D   Dsus^4/6^

| / / /   / | / / / / | / / / / |

Verse 2

| Dmaj^7^   Dsus^4/6^ | Dsus^4/9^ D   Dsus^4/6^

Moons and Junes and ferris - wheels,

| D | Dsus^4/9^* | D*   Dsus^4/9^*

The dizzy, dancing   way you   feel_____

| Dmaj^7^ Dsus^4/6^ | Dsus^4/9^

As every   fairy - tale comes real –

| Dmaj^7^   Dsus^4/6^ | Dsus^4/9^

I've looked at love that   way.

| Dmaj^7^   Dsus^4/6^ | Dsus^4/9^ D

But now   it's   just   another   show.

Dsus^4/6^ | D   Dsus^4/9^* | D*   Dsus^4/9^*

You leave 'em laughing   when you   go.

| Dmaj^7^ Dsus^4/6^ | Dsus^4/9^

And if you   care,   don't let them know,

| Dmaj^7^   Dsus^4/6^ | Dsus^4/9^

Don't give yourself   away.

Chorus 2

|D   D*   Dsus$^{4/9}$* |D D*   Dsus$^{4/9}$*
I've looked at love from both sides now,
   |D* Dsus$^{4/9}$* D |D* Dsus$^{4/9}$*
From give and take,   and still somehow
D |Dmaj^7 Dsus$^{4/6}$ |D Dsus$^{4/9}$ D
It's   love's illusions   I   re - call.
  |Dmaj^7 Dsus$^{4/6}$ Dsus$^{4/9}$ | |D Dsus$^{4/6}$|
I really   don't know love____   at all.

Link

D   Dmaj^7 Dsus$^{4/6}$ D   Dsus$^{4/6}$ D   Dsus$^{4/6}$
| / / /   / | / / / / | / / / /

Verse 3

|Dmaj^7 Dsus$^{4/6}$ |Dsus$^{4/9}$ D
     Tears   and   fears and feeling proud,
Dsus$^{4/6}$ |D |Dsus$^{4/9}$* | D*   Dsus$^{4/9}$*
    To say   'I love you'   right out loud._____
|Dmaj^7 Dsus$^{4/6}$ |Dsus$^{4/9}$
Dreams and schemes   and circus crowds
|Dmaj^7 Dsus$^{4/6}$ |Dsus$^{4/9}$
    I've looked at life that   way.
|Dmaj^7 Dsus$^{4/6}$ |Dsus$^{4/9}$ D
    But now old   friends are acting   strange:
Dsus$^{4/6}$ |D
    They shake their heads,
Dsus$^{4/9}$* | D*   Dsus$^{4/9}$*
They   say I've changed._____
  |Dmaj^7 Dsus$^{4/6}$ |Dsus$^{4/9}$
Well, something's   lost   but something's gained
 |Dmaj^7 Dsus$^{4/6}$ |Dsus$^{4/9}$
    In living every - day.

Chorus 3

| D | D* Dsus⁴ᐟ⁹* | D D* Dsus⁴ᐟ⁹*

$\text{|D} \quad \text{D*} \quad \text{Dsus}^{4/9}* \text{|D } \text{D*} \text{ Dsus}^{4/9}*$
I've looked at life from both sides now

$\text{|D* Dsus}^{4/9}* \text{ D} \qquad \text{|D*} \qquad \text{Dsus}^{4/9}*$
From win and lose,__ and still_____ somehow

$\text{D |Dmaj}^{7} \qquad \text{Dsus}^{4/6} \text{ |D Dsus}^{4/9} \text{ D}$
It's   life's   illusions   I   re - call.

$\text{|Dmaj}^{7} \text{ Dsus}^{4/6} \qquad \text{Dsus}^{4/9} \text{ |} \qquad \text{|D} \quad \text{Dsus}^{4/6} \text{|}$
I really   don't know life   at all.

Link

$\text{D} \quad \text{Dmaj}^{7} \text{ Dsus}^{4/6} \text{ D} \qquad \text{Dsus}^{4/6} \text{ D} \qquad \text{Dsus}^{4/6}$
| / / /   / | / / / / | / / / / |

Chorus 4

$\text{|D*} \qquad\qquad \text{Dsus}^{4/9}* \qquad \text{|D D*} \quad \text{Dsus}^{4/9}*$
I've looked at life from   both sides now

$\text{|D*} \quad \text{Dsus}^{4/9}* \qquad \text{D} \qquad \text{|D*} \text{ Dsus}^{4/9}*$
From up and   down, and   still   somehow

$\text{D |Dmaj}^{7} \qquad \text{Dsus}^{4/6} \text{ |D Dsus}^{4/9} \text{ D}$
It's____ life's illusions   I   re - call.

$\text{|Dmaj}^{7} \text{ Dsus}^{4/6} \qquad \text{Dsus}^{4/9} \text{ |} \qquad \text{|D} \quad \text{Dsus}^{4/6} \text{|}$
I really   don't know life_____ at all.

Coda

$\text{D} \quad \text{Dmaj}^{7} \text{ Dsus}^{4/6} \text{ D} \qquad \text{Dsus}^{4/6}$ x5
| / / /   /   ‖: / / / /   :‖

$\text{D} \quad \text{Dmaj}^{7} \text{ Dsus}^{4/6} \text{ D} \qquad \text{Dsus}^{4/6} \quad \text{D}$
| / / /   / | / / / / | /   ‖

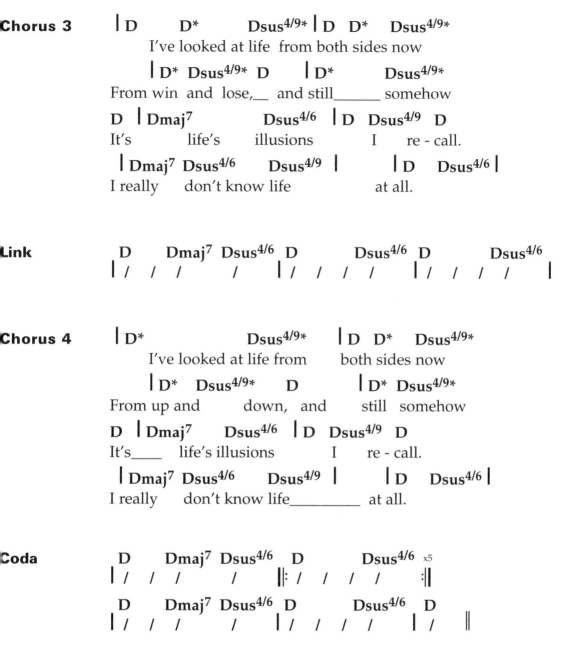

Brain Damage/Eclipse

Words and Music by
GEORGE ROGER WATERS

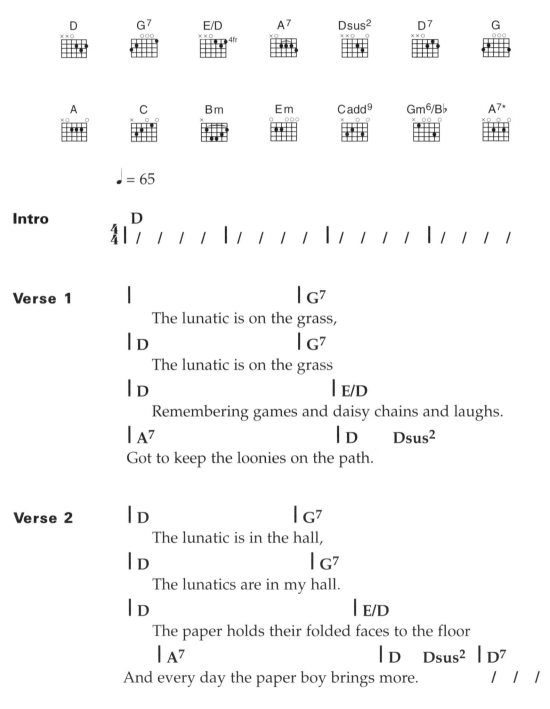

♩ = 65

Intro

D
4/4 | / / / / | / / / / | / / / / | / / / /

Verse 1

| | G⁷
The lunatic is on the grass,
| D | G⁷
The lunatic is on the grass
| D | E/D
Remembering games and daisy chains and laughs.
| A⁷ | D   Dsus²
Got to keep the loonies on the path.

Verse 2

| D | G⁷
The lunatic is in the hall,
| D | G⁷
The lunatics are in my hall.
| D | E/D
The paper holds their folded faces to the floor
| A⁷ | D   Dsus² | D⁷
And every day the paper boy brings more.   / / /

Chorus

| G | | A |
And if the dam breaks open many years too soon
| C | | G |
And if there is no room upon the hill
| | | A |
And if your head explodes with dark forebodings too
| C | | G   Bm | Em   A |
I'll see you on the dark side of the moon.   / / / /

Verse 3

| D | | G⁷ |
The lunatic is in my head,
| D | | G⁷ |
The lunatic is in my head.
| D | | E/D |
You raise the blade,   you make the change;
| A⁷ | | D   Dsus² |
You re-arrange me 'til I'm sane.
| D |
You lock the door
| E/D |
And throw away the key.
| A⁷ | | D   Dsus² | D⁷ |
There's someone in my head but it's not me.

Chorus 2

| G | | A |
And if the cloud bursts, thunder in your ear
| C | | G |
You shout and no-one seems to hear.
| | | A |
And if the band you're in starts playing different tunes
| C | | G   Bm | Em   A |
I'll see you on the dark side of the moon.   / / / /

Coda

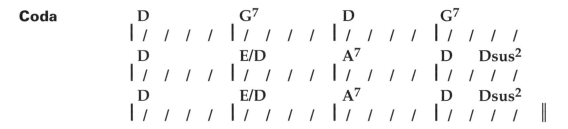

segue into **ECLIPSE**

$\dotted{\quad} = 45$

Intro $\frac{6}{8}$ | D   Cadd⁹   Gm⁶/B♭   A⁷*

$\frac{6}{8}$ | / / / / / / | / / / / / / | / / / / / / | / / / / / /

Verse

| D
All that you touch

  | Cadd⁹
And all that you see

  | Gm⁶/B♭
And all that you taste,

| A⁷*
   All you feel,

  | D
And all that you love

  | Cadd⁹
And all that you hate

| Gm⁶/B♭
All you distrust

| A⁷*
   All you save

  | D
And all that you give

  | Cadd⁹
And all that you deal

  | Gm⁶/B♭
And all that you buy,

| A⁷*
Beg, borrow or steal,

| D
And all you create

| Cadd⁹
And all you destroy

| Gm⁶/B♭
And all that you do

| A⁷*
And all that you say

| D
And all that you eat,

| Cadd⁹
And everyone you meet

| Gm⁶/B♭
And all that you slight,

| A⁷*
And everyone you fight

| D
And all that is now

| Cadd⁹
And all that is gone

| Gm⁶/B♭
And all that's to come

| A⁷* | D
And everything under the sun is in tune

       | Cadd⁹ | Gm⁶/B♭ | D   ‖
But the sun is eclipsed by the moon._____

Break On Through

Words and Music by
JIM MORRISON, RAYMOND MANZAREK, JOHN DENSMORE AND ROBERT KRIEGER

E^5 D^5 D   Em $E^{7(\#9)}$

♩ = 170

Intro

$\frac{4}{4}$ | *drums only* N.C. ‖: / / / / | E^5 D^5 / / / / | E^5 D^5 / / / / | E^5 D^5 / / / /

| E^5 D^5 / / / / | E^5 D^5 / / / /

Verse 1

| E^5 D^5 | E^5 D^5 | E^5 D^5

You know the day destroys the night,

| E^5 D^5 | E^5 D^5

Night divides the day.

| D |

Tried to run, tried to hide.

Chorus

| Em |

Break on through to the other side,

| |

Break on through to the other side,

| |

Break on through to the other side, yeah.

Link

E^5 D^5 E^5 D^5 E^5 D^5 E^5 D^5

| / / / / | / / / / | / / / / | / / / /

Verse 2

| E⁵   D⁵ | E⁵   D⁵ | E⁵   D⁵ | E⁵   D⁵

We chased our pleasures here,   dug our treasures there.

| D |

But can you still recall the time we cried?

Chorus 2

| Em |

Break on through to the other side,

| | | |

Break on through to the other side.   / / / /   / / / /

Organ solo

  Em   D   Em   D   Em   D   Em   D   x4

‖: / / / / | / / / / | / / / / | / / / / :‖

Bridge

‖: Em   D | Em D | Em   D | Em D   :‖

      Everybo - dy   loves__ my ba - by,

‖: Em   D | Em   D   :‖ x3

She get,   / / / /

Em   D | Em D | E⁵   D⁵ | E⁵   D⁵ | E⁵   D⁵

She gets   high.   / / / / / / / / / / / /

Verse 3

| E⁵   D⁵ | E⁵   D⁵ | E⁵   D⁵

        I found an island in your arms,

| E⁵   D⁵ | E⁵   D⁵

 Country in your eyes:

| D |

Arms that chain, eyes that lie.

Chorus 3　　　| Em　　　　　　　　　|
Break on through to the other side,
|　　　　　　　　　|
Break on through to the other side,
|　　　　　　　　　|
Break on through, oh!
　　　　|　　　|
Oh, yeah!　　　/ / / /

Link　　　　$E^{7(\sharp 9)}$
| / / / / | / / / / | / / / / | / / / /

Verse 4　　| $E^{7(\sharp 9)}$　　　　|
Made the scene, week to week,
|　　　　　|
Day to day, hour to hour.
　　　| D　　　　|
The gate is straight, deep and wide.

Chorus 4　　| Em　　　　　　　|
Break on through to the other side,
|　　　　　　　|
Break on through to the other side,
|　　　　　　　|
Break on through, break on through,
|　　　　　　|
Break on through, break on through.
|　　　　|
Yeah, yeah, yeah, yeah,
|　　　|　　|　　‖
Yeah, yeah, yeah, yeah, yeah.

Cocaine

Words and Music by
J. J. CALE

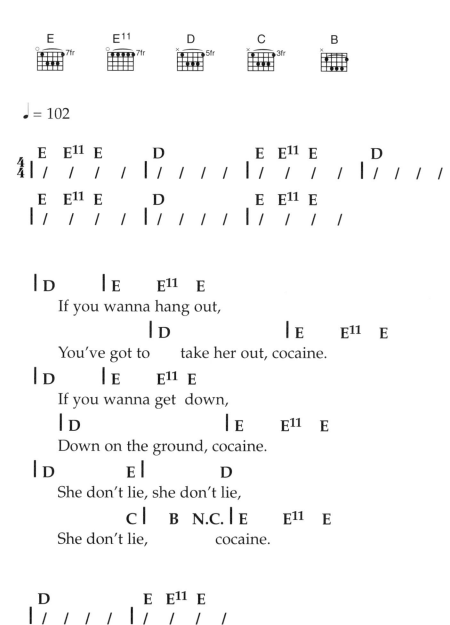

$\downarrow$ = 102

Intro

$\frac{4}{4}$

| E E¹¹ E | D | E E¹¹ E | D |

| E E¹¹ E | D | E E¹¹ E |

Verse 1

| D | E   E¹¹   E

If you wanna hang out,

| D | E   E¹¹   E

You've got to   take her out, cocaine.

| D | E   E¹¹   E

If you wanna get down,

| D | E   E¹¹   E

Down on the ground, cocaine.

| D   E | D

She don't lie, she don't lie,

| C | B N.C. | E   E¹¹   E

She don't lie,   cocaine.

Link

| D | E E¹¹ E |

Verse 2

    |D |E   E¹¹ E
If you've got bad   news,

               |D |E E¹¹ E
You wanna   kick them blues, cocaine.

  |D |E E¹¹ E
When your day is   done

           |D |E   E¹¹   E
And you wanna ride on, cocaine.

  |D   E| D
She don't lie, she don't lie,

           C| B N.C.|E   E¹¹   E
She don't lie,   cocaine.

Link/Solo

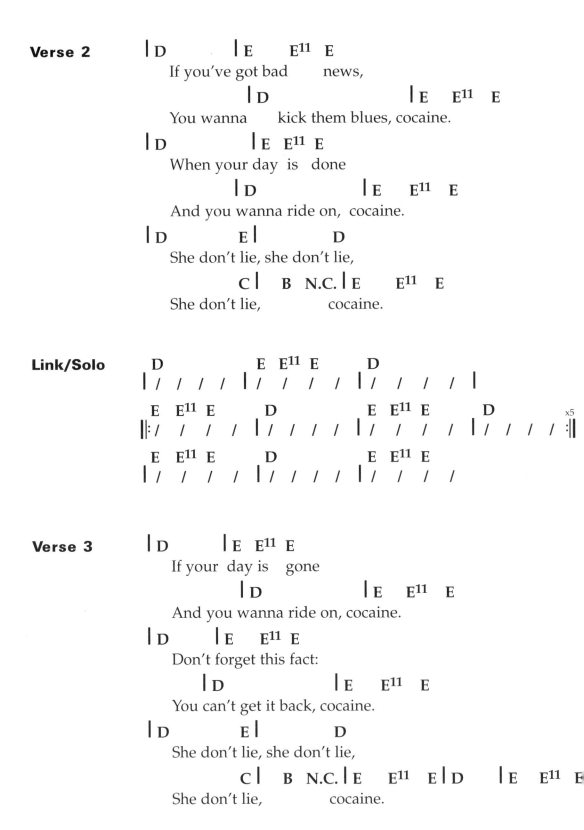

Verse 3

  |D |E E¹¹ E
If your day is   gone

           |D |E   E¹¹   E
And you wanna ride on, cocaine.

  |D |E   E¹¹ E
Don't forget this fact:

        |D |E   E¹¹   E
You can't get it back, cocaine.

  |D   E| D
She don't lie, she don't lie,

          C| B N.C.|E   E¹¹   E|D |E   E¹¹ E
She don't lie,   cocaine.

|D   E| D

She don't lie, she don't lie

C| B N.C.|E E^{11} E|D |E

She don't lie,   co - caine.

Coda/Solo   E E^{11} E   D   E E^{11} E   D

‖: / / / / | / / / / | / / / / | / / / / :‖

Repeat ad lib. to fade

35

fornia Dreamin'

Words and Music by
ILLIPS AND MICHELLE PHILLIPS

E^{7}sus^4 G   F   E

C   E^{7}sus$^{4/\flat9}$ E^7 Fmaj^7

♩ = 112   **Capo 4th fret (tune slightly sharp)**

Intro

$\frac{4}{4}$ | Am / / / / | / / / / | / / / / | E^{7}sus^4 |

Verse 1

| Am   G | F
All the leaves are brown
　　　　　　(all the leaves are brown)

G | E^{7}sus^4 | E
And the sky is grey (and the sky is grey).___

F | C   E | Am
I've been for a walk

___   (I've been for a walk)

F | E^{7}sus$^{4/\flat9}$ | E
On a winter's day (on a winter's day).

| Am   G | F
I'd be safe and warm
　　　　　(I'd be safe and warm)

G | E^{7}sus^4 | E
If I was in L.A. (if I was in L.A.).

Chorus

               | Am G | F
California dreaming
            (California dreaming)
    G | E^7sus^4 |
On such a winter's day._____

Verse 2

                | Am   G
Stopped into a church
  | F   G | E^7sus^4 | E
    I passed along the way.
       F | C   E | Am
Well I got down on my   knees
                 (got down on my knees)
       F | $E^7sus^{4/\flat 9}$ | E
And I pretend to pray (I pretend to pray).
                       | Am   G | F
You know the preacher likes the cold
               (preacher likes the cold)
    G | E^7sus^4 | E
He knows I'm gonna stay (knows I'm going to stay)

Chorus 2

           | Am G | F
California dreaming
           (California dreaming)
    G | E^7sus^4 |
On such a winter's day._____

Instrumental

```
      Am                                                      F
    | / / / / | / / / / | / / / / | / / / / |

      C   E     Am  F    E⁷sus⁴        E⁷
    | / / / / | / / / / | / / / / | / / / / |

      Am  G     F   G    E⁷sus⁴        E⁷
    | / / / / | / / / / | / / / / | / / / / |

      Am  G     F   G    E⁷sus⁴        E⁷
    | / / / / | / / / / | / / / / |
```

Verse 3

$$\text{| Am \quad G} \qquad \text{| F}$$

All the leaves are brown
                (all the leaves are brown)

$$\text{G} \quad \text{| } E^7sus^4 \qquad \text{| E}$$

And the sky is grey (and the sky is grey).

$$\text{F} \qquad \text{| C} \quad \text{E} \quad \text{| Am}$$

I've been for a walk
          (I've been for a walk)

$$\text{F} \qquad \text{| } E^7sus^{4/\flat 9} \qquad \text{| E}$$

On a winter's day (on a winter's day).

$$\text{| Am \quad G} \quad \text{| F}$$

If I didn't tell her
         (if I didn't tell her)

$$\text{G} \qquad \text{| } E^7sus^4 \qquad \text{| E}$$

I could leave today (I could leave today).

Chorus 3

|Am G |F

California dreaming
          (California dreaming)

G |Am G |F

On such a winter's day.
              (California dreaming)

G |Am G |F

On such a winter's day.
              (California dreaming)

G |Fmaj^7 | |Am ‖

On such a winter's day._____

Cosmic Dancer

Words and Music by
MARC BOLAN

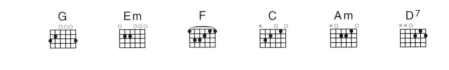

G   Em   F   C   Am   D7

♩ = 72

Verse 1   4/4 | G | Em

I was dancing when I was twelve,

| G | Em

I was dancing when I was twelve.

| F | C

I was dancing when I was aaah,

| F | C

I was dancing when I was aaah.

Verse 2 | G | Em

I danced myself right out the womb,

| G | Em

I danced myself right out the womb.

| F | C

Is it strange to dance so soon?

| F | C

I danced myself right out the womb.

Verse 3

| G | Em
I was dancing when I was eight,

| G | Em
I was dancing when I was eight.

| F | C
Is it strange to dance so late?

| F | C
Is it strange to dance so late?

| Am | D⁷
Oh,___ oh, oh, oh.

Verse 4

| G | Em
I danced myself into the tomb,

| G | Em
I danced myself into the tomb.

| F | C
Is it strange to dance so soon?

| F | C
I danced myself into the tomb.

Verse 5

| G | Em
Is it wrong to understand

| G | Em
The fear that dwells inside a man?___

| F | C
What's it like to be a loon?

| F | C
I liken it to a balloon.

| Am | D⁷
Oh,___ oh, oh, oh.

Verse 6

|G |Em
 I danced myself out of the womb,
|G |Em
 I danced myself out of the womb.
|F |C
 Is it strange to dance so soon?
|F |C
 I danced myself into the tomb.

And then again once more:

Verse 7

|G |Em
 I danced myself out of the womb,
|G |Em
 I danced myself out of the womb.
|F |C
 Is it strange to dance so soon?
|F |C
 I danced myself out of the womb.
|Am |D⁷
 Oh,___ oh, oh, oh.

Coda

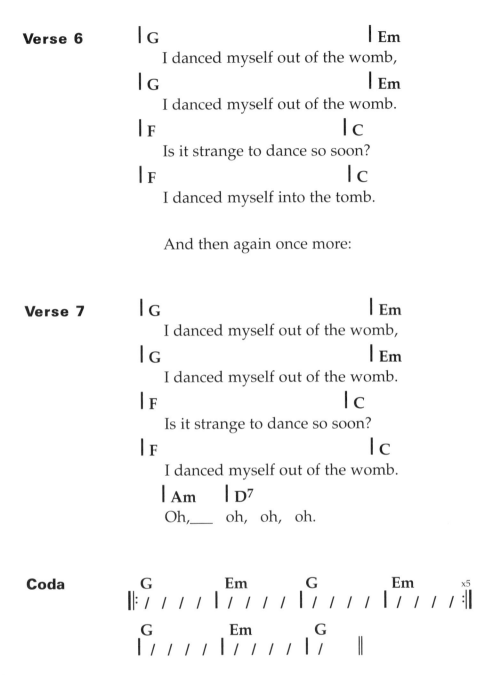

Crazy Little Thing Called Love

Words and Music by
FREDDIE MERCURY

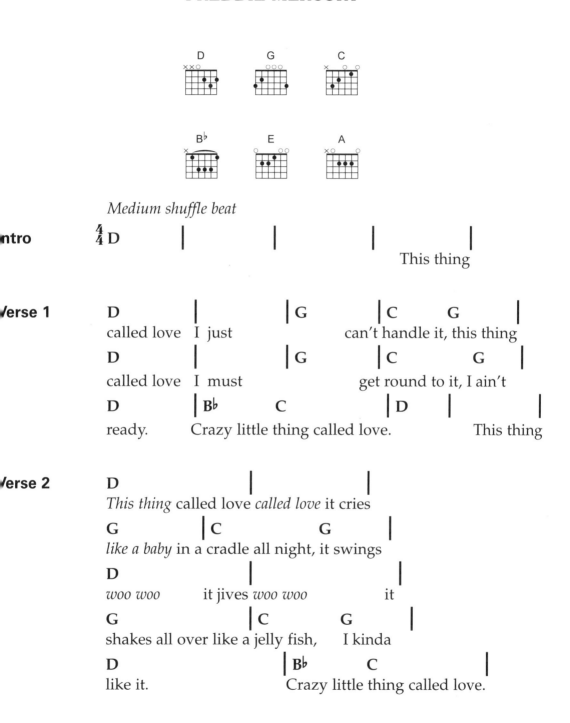

Medium shuffle beat

Intro   4/4 D | | | |

This thing

Verse 1   D | |G |C   G |

called love   I just   can't handle it, this thing

D | |G |C   G |

called love   I must   get round to it, I ain't

D |B♭   C |D | |

ready.   Crazy little thing called love.   This thing

Verse 2   D | |

This thing called love *called love* it cries

G |C   G |

like a baby in a cradle all night, it swings

D | |

woo woo   it jives *woo woo*   it

G |C   G |

shakes all over like a jelly fish,   I kinda

D |B♭   C |

like it.   Crazy little thing called love.

```
D                              |                              |
                                        There goes my
```

Chorus 1
```
        | G            |      | C              | G
          baby,              she knows how to rock 'n' roll. She drives me
          Bb            |              |
          crazy               she gives me
          E         A          | F                              |
          hot and cold fever, then she leaves me in a cool, cool sweat.
          N.C.           |              | E        | A
                                                    I gotta be coo
```

Verse 3
```
        D         |              | G        | C        G
                    relax,    get hip,        get on my tracks, take a
        D                   |              |
          backseat, hitch-hike,           and
        G              | C        G        |
          take a long ride on my motorbike until I'm
        D          | Bb       C        | D        |
          ready.       Crazy little thing called love.       There goes m
```

Chorus 1   *(as Chorus 1)*

Verse 4
```
        D         |              | G        | C        G
                    relax,    get hip,        get on my tracks, take a
        D                   |              |
          backseat, hitch-hike,           and
        G              | C        G        |
          take a long ride on my motorbike until I'm
        D                   | Bb       C              |
          ready.  *Ready Freddie.* Crazy little thing called love.
        D              |              |
                                This thing
```

```
D                  |            | G        | C        G        |
called love  I just                         can't handle it,    this thing
D                  |            | G        | C        G        |
called love  I must                         get round to it, I ain't
D         | Bb       C              | D              |
ready.          Crazy little thing called love.
Bb         C                  | D            |
```

Crazy little thing called love,
(Repeat last two bars till fade)

Daydream Believer

Words and Music by
JOHN STEWART

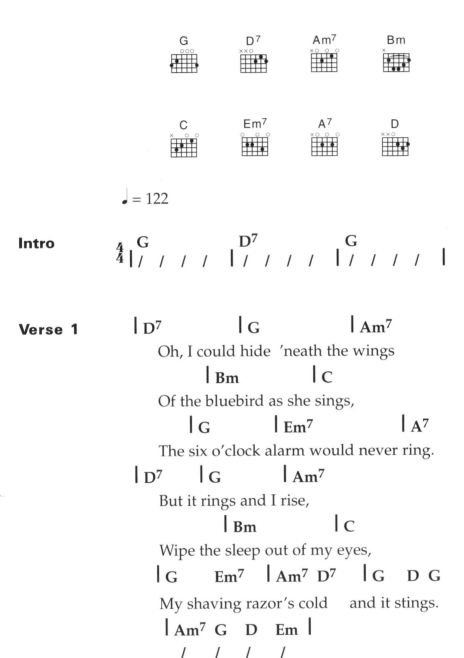

♩ = 122

Intro
$\frac{4}{4}$ | G / / / / | D⁷ / / / / | G / / / / |

Verse 1
| D⁷ | G | Am⁷
Oh, I could hide 'neath the wings
| Bm | C
Of the bluebird as she sings,
| G | Em⁷ | A⁷
The six o'clock alarm would never ring.
| D⁷ | G | Am⁷
But it rings and I rise,
| Bm | C
Wipe the sleep out of my eyes,
| G   Em⁷ | Am⁷ D⁷ | G   D G
My shaving razor's cold   and it stings.
| Am⁷ G   D   Em |
  /   /   /   /

Chorus

| C   D | Bm | C   D | Em |

Cheer up, sleepy Jean,   oh, what can it mean

C | G | C | G   Em⁷ | A⁷ | D⁷

To a   daydream believer and a   homecoming queen?___

Verse 2

| G | Am⁷

You once thought of me

| Bm | C

As a white knight on his steed,

| G | Em⁷ | A⁷

Now you know how happy I can be.

| D⁷ | G | Am⁷

Whoa, and our good times starts and end

| Bm | C

Without dollar one to spend,

| G   Em⁷ | Am⁷ D⁷ | G   D   G

But how much, baby,   do we really need?

| Am⁷ G   D   Em |

   /   /   /   /

Chorus 2

| C   D | Bm | C   D | Em |

Cheer up, sleepy Jean,   oh, what can it mean

C | G | C | G   Em⁷ | A⁷ | D⁷

To a   daydream believer and a   homecoming queen?___

Chorus 3

| C   D | Bm | C   D | Em |

Cheer up, sleepy Jean,   oh, what can it mean

C | G | C | G   Em⁷ | A⁷ | D⁷

To a   daydream believer and a   homecoming queen?___

Link

G   D⁷   G   D⁷

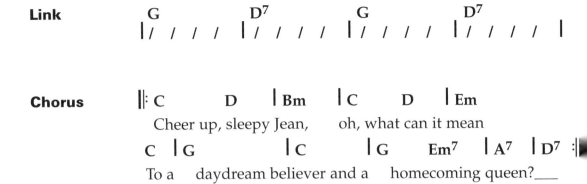

| / / / / | / / / / | / / / / | / / / / |

Chorus

‖: C   D | Bm | C   D | Em

Cheer up, sleepy Jean,   oh, what can it mean

C | G | C | G   Em⁷ | A⁷ | D⁷ :‖

To a   daydream believer and a   homecoming queen?___

Repeat to fade

Days

Words and Music by
RAYMOND DAVIES

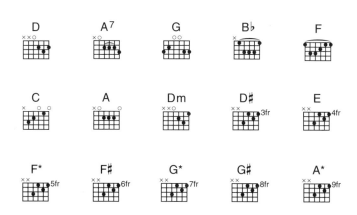

♩ = 100

Intro

$\frac{4}{4}$ |D / / / / | / / / / |

Chorus

|D |

Thank you for the days,

|A⁷   G |D   G   D   A⁷ |D

Those endless days, those sacred days you gave me.

|

I'm thinking of the days,

|A⁷ G |D G   D   A⁷

I won't forget a single day, believe me.

Chorus 2

|D G |D

I bless the light,

G |D   G   D   A⁷

I bless the light that lights on you, believe me.

|D   G |D
And though you're gone,

          G |D G   D   A⁷ |D
You're with me every single day, believe me. / / / /

Verse 1

|B♭   F |C
Days   I'll remember all my life,

|B♭   F |C
Days when you can't see wrong from right.

     B♭ |F
You took my life,

     B♭ |F   B♭ F   C
But then I knew that very soon you'd leave me.

|F   B♭ |F
But it's all right,

     B♭ |F   B♭   F   C
Now I'm not frightened of this world, believe me.

Bridge

|F |A   A⁷ |Dm
I wish today   could be tomorrow,

          |A   A⁷
The night is dark,

         ²₄|Dm   C   ⁴₄|B♭
It just brings sorrow,   let it wait.

Chorus 3

|A |D
Thank you for the days,

|A⁷   G |D   G   D   A⁷ |D
Those endless days, those sacred days you gave me.

                        |
I'm thinking of the days,

|A⁷ G |D G   D   A⁷ |D
I won't forget a single day, believe me. / / / /

50

Verse 2

```
| B♭        F           | C
```
Days   I'll remember all my life,
```
| B♭            F                | C
```
Days when you can't see wrong from right.
```
      B♭      | F
```
You took my life,
```
      B♭    | F        B♭   F        C
```
But then I knew that very soon you'd leave me.
```
| F       B♭    | F
```
But it's all right,
```
      B♭     | F        B♭    F      C    | F
```
Now I'm not frightened of this world, believe me.   / / / /
```
| A
```
Days._____

Chorus 4

```
| A                      | D
```
Thank you for the days,
```
| A⁷      G     | D        G      D      A⁷    | D
```
Those endless days, those sacred days you gave me.
```
                          |
```
I'm thinking of the days,
```
| A⁷ G       | D  G     D     A⁷       | D
```
I won't forget a single day, believe me.   / / /

Chorus 5

```
      G        | D
```
I bless the light,
```
      G        | D      G        D      A⁷
```
I bless the light that shines on you, believe me.
```
| D     G             | D
```
And though you're gone,
```
          G      | D   G    D      A⁷       | D
```
You're with me every single day, believe me.   / / / /

Coda

```
| D   D♯  | E   F*  | F♯  G*  | G♯   A*  | D      ‖
```
Days._____   / / / / /

Desperado

Words and Music by
DON HENLEY AND **GLENN FREY**

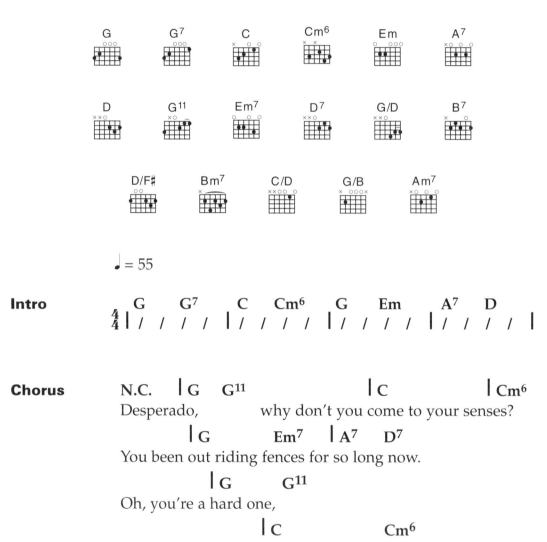

Intro

$\quad$ = 55

G $\quad$ G^7 $\quad$ C $\quad$ Cm^6 $\quad$ G $\quad$ Em $\quad$ A^7 $\quad$ D

$\frac{4}{4}$ | / / / / | / / / / | / / / / | / / / / |

Chorus

N.C. | G $\quad$ G^{11} $\qquad$ | C $\qquad$ | Cm^6

Desperado, $\qquad$ why don't you come to your senses?

| G $\qquad$ Em^7 $\quad$ | A^7 $\quad$ D^7

You been out riding fences for so long now.

| G $\qquad$ G^{11}

Oh, you're a hard one,

| C $\qquad$ Cm^6

But I know that you got your reasons.

| G/D $\quad$ B^7 $\quad$ Em^7

These things that are pleasing you

$\frac{2}{4}$| A^7 $\quad$ D^7 $\quad$ $\frac{4}{4}$| G $\quad$ D/F♯

Can hurt you somehow.

Verse 1

|Em   Bm⁷
Don't you draw the queen of diamonds boy
    |C   G   D/F♯
She'll beat you if she's able.___
                  |Em⁷   C |G D/F♯
You know the queen of hearts is always your best bet.___
        |Em   Bm⁷
Now it seems to me   some fine things
            |C   G
Have been laid upon your table
        |Em⁷   A⁷   C/D
But you only want the ones that you can't get.

Chorus 2

D⁷ |G G¹¹ |C   G/B Am⁷
Des-per-a-do,   oh, you ain't   getting no younger.
    |G   D/F♯   Em |A⁷   D⁷
Your pain and your   hun - ger, they're driving you home.___
    |G   G¹¹
And freedom, oh freedom,
                |C   G/B
Well that's just some people talking.
Am⁷ |G   B⁷   Em   ²₄| A⁷   D⁷ ⁴₄| G D/F♯
Your prison is walking through this world all alone.

Verse 2

| Em   Bm⁷
Don't your feet get cold in the winter-time?
  | C   G   D/F♯
The sky won't snow and the sun won't shine.
  | Em⁷   C | G   D/F♯
It's hard to tell the night-time from the day.
    | Em   Bm⁷
You're losing all your highs and lows,
     | C   G | Am⁷ | C/D
Ain't it funny how the feeling goes away?_____

Chorus 3

D⁷ | G G¹¹ | C   G/B Am
Des-per-a-do,   why don't you come to your senses?
  | G   D/F♯   Em | A⁷   D⁷
Come down from your fen - ces,   open the gate.
    | G   G¹¹ | C   Cm⁶
It may be raining   but there's a rainbow above you.
    | G   B⁷   Em | C   G/B Am⁷
You better let somebody love__ you (let somebody love you),
   | G/D B⁷   Em | C/D
You better let somebody love__ you before it's too

Coda

| G   G¹¹ | C   Cm⁶ | G   ‖
late. / / / / / / / /

54

Everybody's Talkin

Words and Music by
FRED NEIL

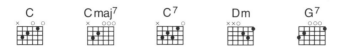

C   Cmaj⁷   C⁷   Dm   G⁷

Capo 4th fret

♩ = 122

ntro

$\frac{4}{4}$ | C Cmaj⁷ C Cmaj⁷
| / / / / | / / / / :||

Verse 1

| C Cmaj⁷ | C   Cmaj⁷
   Ev - erybody's   talking   at   me –

| C⁷ |
   I don't hear a   word they're saying,

| Dm | G | C |
   Only the echoes of my   mind.   / / / /

Verse 2

| C Cmaj⁷ | C   Cmaj⁷
   People stop and   stare and

| C⁷ |
   I can't see their   faces,

| Dm | G | C |
   Only the   shadows of their eyes.   / / / /

| Dm | G⁷
I'm going where the sun keeps shining
| C | C⁷
Through the pouring rain,
| Dm | G⁷ | C Cmaj⁷ | C7 C
Going where the weather suits my clothes. / / /
| Dm | G⁷
Banking off of the north-east winds,
| C | C⁷
Sailing on a summer breeze,
| Dm | G⁷ | C Cmaj⁷ | C7 C
Skipping over the ocean like a stone. / / / /

Link

(ad lib. scat vocal)
C Cmaj⁷ C Cmaj⁷ C⁷
| / / / / | / / / / | / / / / | / / / /

Dm C
| / / / / | / / / / | / / / / | / / / /

Bridge

| Dm | G⁷
I'm going where the sun keeps shining
| C | C⁷
Through the pouring rain,
| Dm | G⁷ | C Cmaj⁷ | C7 C
Going where the weather suits my clothes. / / /
| Dm | G⁷
Banking off of the north-east winds,
| C | C⁷
Sailing on a summer breeze,
| Dm | G⁷ | C Cmaj⁷ | C7 C
Skipping over the ocean like a stone. / / / /

Verse 3

| C   Cmaj7 | C   Cmaj7 |
Everybody's   talking   at   me –

| C7 |
Can't   hear a   word they're saying,

| Dm | C |
Only the echoes of   my   mind.   / / / /

Coda

| Dm | C |
I won't let you leave my love behind.____ / / / /

    | Dm | C |
No, I won't let you leave_____

| Dm | C |
Wha_____

| Dm | C |
I won't let you leave my love behind.   / / / / *(fade)*

Eight Miles High

Words and Music by
GENE CLARK, JAMES McGUINN AND DAVID CROSBY

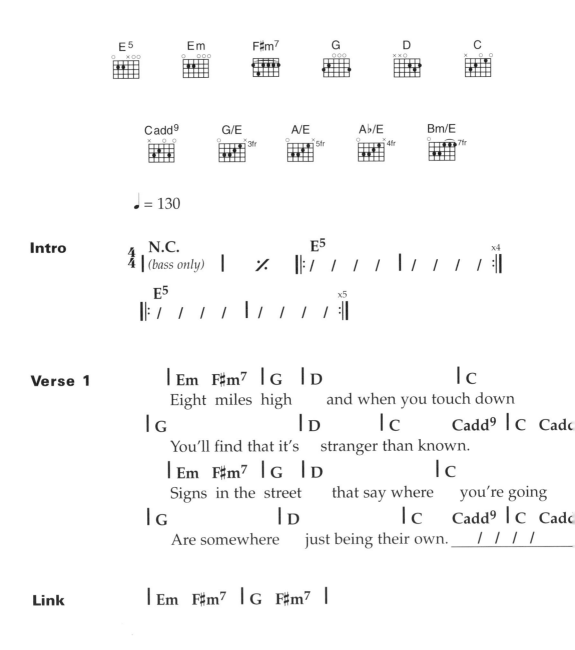

♩ = 130

Intro

4/4 | N.C. *(bass only)* | ⁒ ‖: E⁵ / / / / | / / / / :‖ x4

‖: E⁵ / / / / | / / / / :‖ x5

Verse 1

| Em F♯m⁷ | G | D | C
Eight miles high   and when you touch down

| G | D | C   Cadd⁹ | C Cadd
You'll find that it's   stranger than known.

| Em F♯m⁷ | G | D | C
Signs in the street   that say where   you're going

| G | D | C   Cadd⁹ | C Cadd
Are somewhere   just being their own. ____ / / / /

Link

| Em F♯m⁷ | G F♯m⁷ |

Verse 2

| Em F♯m⁷ | G | D | | C |
No - where is   there warmth to be   found

| G | D | C   Cadd⁹ | C Cadd⁹ |
Among those afraid of losing their ground. __   / / / /

| Em F♯m⁷ | G | D | C |
Rain-gray town   known for its sound.

| G | D | C   Cadd⁹ | C Cadd⁹ |
In places   small faces unbound. _____

Link 2

Em   F♯m⁷   Em   F♯m⁷   G/E   A/E
| / / / / | / / / / | / / / / | / / / / |

A/E   G/E
| / / / / | / / / / |

Solo

G/E   A/E   G/E   A/E   x4
‖: / / / / | / / / / | / / / / | / / / / :‖

G/E   A/E   A/E   A/E
| / / / / | / / / / | / / / / | / / / / |

Verse 3

| Em   F♯m⁷ | G | D | C |
Round the   squares   huddled in   storms

| G | D | C   Cadd⁹ | C Cadd⁹ |
Some laughing,   some just shapeless forms._____ / / / /

| Em   F♯m⁷ | G | D | C |
Side - walk   scenes   and black limousines.

| G | D | C   Cadd⁹ | C Cadd⁹ |
· Some living,   some standing alone._____   / / / /

Coda

Em   F♯m⁷   Em   F♯m⁷   G/E   A/E
| / / / / | / / / / | / / / / | / / / / |

Solo

G/E   A/E   G/E   A/E   x3
‖: / / / / | / / / / | / / / / | / / / / :‖

(freely)
G/E   A♭/E A/E   Bm/E
| / / / / / | / / / / | / /   ‖

Five Years

**Words and Music by
DAVID BOWIE**

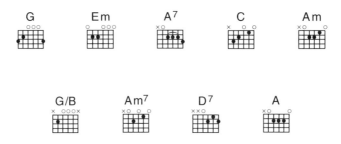

♩. = 48

Intro $\frac{12}{8}$ | *(drums fade in)*

Verse 1

| G

Pushing through the market square,

| Em

So many mothers sighing,

| A⁷

News had just come over,

          | C

We had five years left to cry in.

| G

News guy wept and told us,

| Em

Earth was really dying,

| A⁷

Cried so much his face was wet,

          | C

Then I knew he was not lying.

|G

I heard telephones, opera house, favourite melodies.

| Em

I saw boys, toys, electric irons and T.Vs.

| A⁷

My brain hurt like a warehouse, it had no room to spare,

|C

I had to cram so many things to store everything in there,

Bridge

| Am

And all the fat-skinny people,

C | Am

And all the tall-short people,

C G/B Am⁷ | G

And all the no - bo - dy people,

C | D⁷

And all the somebody people.

| Am C

I never thought I'd need so many people.

Verse 3

|G

A girl my age went off her head,

| Em

Hit some tiny children.

| A⁷

If the black hadn't-a pulled her off

|C

I think she would have killed them.

|G

A soldier with a broken arm

|Em

Fixed his stare to the wheels of a Cadillac;

|A⁷

A cop knelt and kissed the feet of a priest,

|C

And a queer threw up at the sight of that.

Verse 4

|G

I think I saw you in an ice cream parlour,

|Em

Drinking milk shakes cold and long,

|A

Smiling and waving and looking so fine.

|C

Don't think you knew you were in this song.

Prechorus 2

|G

And it was cold and it rained so I felt like an actor,

|Em

And I thought of Ma and I wanted to get back there –

|A

Your face, your race, the way that you talk;

|C

I kiss you, you're beautiful, I want you to walk.

Chorus

‖: G

We've got five years, stuck on my eyes.

| Em

Five years, what a surprise!

| A

We've got five years, my brain hurts a lot.

| C   x4 :‖

Five years, that's all we've got.

Coda 1

| G

Five years,

| Em

Five years,

| A

Five years,

| C

Five years!

Coda 2   G   *(drums to fade)*

| / / / / | / /   ‖

For What It's Worth

**Words and Music by
STEPHEN STILLS**

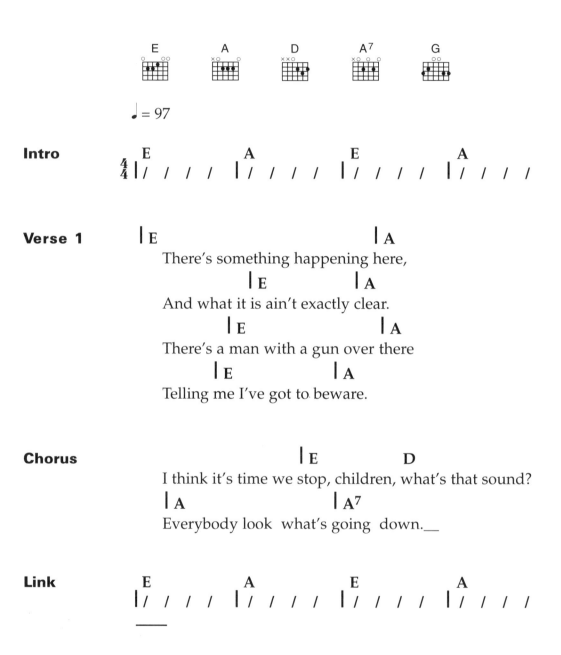

E   A   D   A⁷   G

♩ = 97

Intro

4/4 | E / / / / | A / / / / | E / / / / | A / / / /

Verse 1

| E | A
There's something happening here,
             | E | A
And what it is ain't exactly clear.
       | E | A
There's a man with a gun over there
      | E | A
Telling me I've got to beware.

Chorus

                 | E   D
I think it's time we stop, children, what's that sound?
| A | A⁷
Everybody look what's going down.__

Link

E   A   E   A
| / / / / | / / / / | / / / / | / / / /

___

Verse 2

```
 | E                              | A        A⁷
```
There's battle-lines being drawn,
```
              | E                 | A        A⁷
```
And nobody's right if everybody's wrong.
```
 | E                           | A        A⁷
```
Young people speaking their minds
```
            | E              | A
```
Are getting so much resistance from behind.

Chorus 2

```
                     | E        D
```
Think it's time we stop, hey, what's that sound
```
 | A                        | A⁷
```
Everybody look   what's going down.__

Link 2

```
        E            A            E            A
 | /  /  /  /   | /  /  /  /  | /  /  /  /  | /  /  /  /   |
 ___
```

Verse 3

```
 | E                           | A        A⁷
```
What a field day for the heat:
```
    | E                   | A        A⁷
```
A thousand people in the street
```
            | E              | A        A⁷
```
Singing songs and carrying signs
```
            | E              | A        A⁷
```
Mostly say, "Hooray for our side".

Chorus 3

```
                  | E        D
```
It's time we stop, hey,   what's that sound?
```
 | A                      | A⁷
```
Everybody look what's going down.__

Link 3

    E   A   E   A

| / / / / | / / / / | / / / / | / / / / |
———

Verse 4

| E | A A^7

Paranoia strikes deep:

| E | A A^7

Into your life it will creep.

   | E | A A^7

It starts when you're always afraid.

         | E | A A^7

Step outta line,   the man come and take you away.

Chorus 4

            ‖: E   D

We'd better stop, hey, what's that sound?

| A A^7 :‖ x4

Everybody look   what's going down.   *(vocal fade)*

Coda

    E   D   A   G

    / / / / | / / / / | *(fade)*

Handbags & Gladrags

Words and Music by
MIKE D'ABO

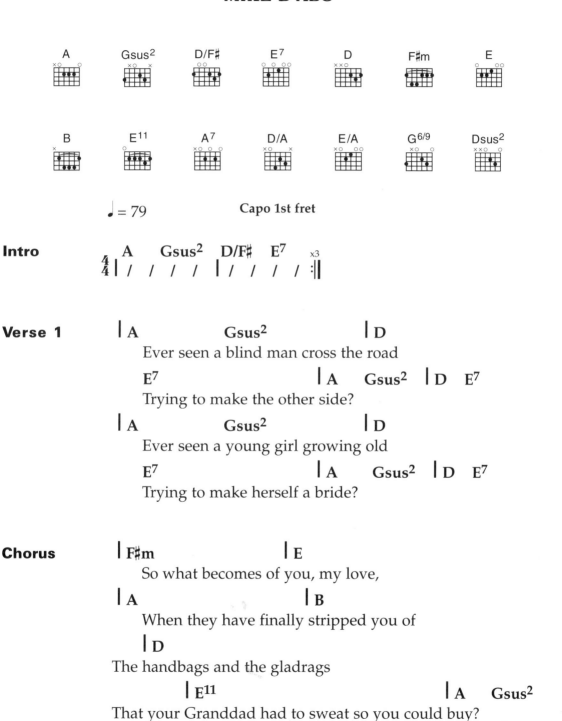

$\bullet = 79$ **Capo 1st fret**

Intro

$\frac{4}{4}$ | A   Gsus^2 D/F♯   E^7 | / / / / | / / / / :‖   x3

Verse 1

| A   Gsus^2 | D
Ever seen a blind man cross the road

E^7 | A   Gsus^2 | D   E^7
Trying to make the other side?

| A   Gsus^2 | D
Ever seen a young girl growing old

E^7 | A   Gsus^2 | D   E^7
Trying to make herself a bride?

Chorus

| F♯m | E
So what becomes of you, my love,

| A | B
When they have finally stripped you of

| D
The handbags and the gladrags

| E^{11} | A   Gsus^2
That your Granddad had to sweat so you could buy?

Link

$D/F\sharp$ E   A $Gsus^2$ $D/F\sharp$ E^7

| / / / / | / / / / | / / / / |

Verse 2

| A $Gsus^2$
Once I was a young man,
| D E^7 | A $Gsus^2$ | D E^7
And all I thought I had to do was smile.
| A $Gsus^2$ | D
You are still a young girl,
         E^7 | A $Gsus^2$ | D E^7
And you bought everything in   style.

Chorus 2

| $F\sharp m$ | E
But once you think you're in, you're out,
| A | B
'Cause you don't mean a single thing without
| D
The handbags and the gladrags
       | E^{11} | A $Gsus^2$
That your Granddad had to sweat so you could buy.

Link

D E^7 A E^{11} A E^{11}

| / / / / | / / / / | / / / / |

Verse 3

| A A^7 | D/A
Sing a song of sixpence for your sake
E/A | A A^7 | D/A   E/A
And take a bottle full of rye.
| A A^7 | D/A
Four-and-twenty blackbirds in a cake,
       E/A | A A^7 | D/A   E/A
And bake them all in a pie.

| F#m | | E
They told me you missed school today,
| A | | B
So what I suggest – you just throw them all away:
| D
The handbags and the gladrags
| E^{11} | | A   G$^{6/9}$
That your poor old Granddad had to sweat to buy.

Link

Dsus^2 E   A   G$^{6/9}$ Dsus^2 E
| / / / / | / / / / | / / / /

Chorus 4

| F#m | | E
They told me you missed school today,
| A | | B
So I suggest you just throw them all away:
| D
The handbags and the gladrags
| E^{11} | | A   Gsus^2
That your poor old Granddad had to sweat to buy you.

Coda

D   E^7 A   Gsus^2 D/F# E^7 A   Gsus^2
| / / / / | / / / / | / / / / | / / / /
D   E^7 A   Gsus^2 D/F# E^{11} A
| / / / / | / / / / | / / / / |

‖

69

Fortunate Son

Words and Music by
JOHN FOGERTY

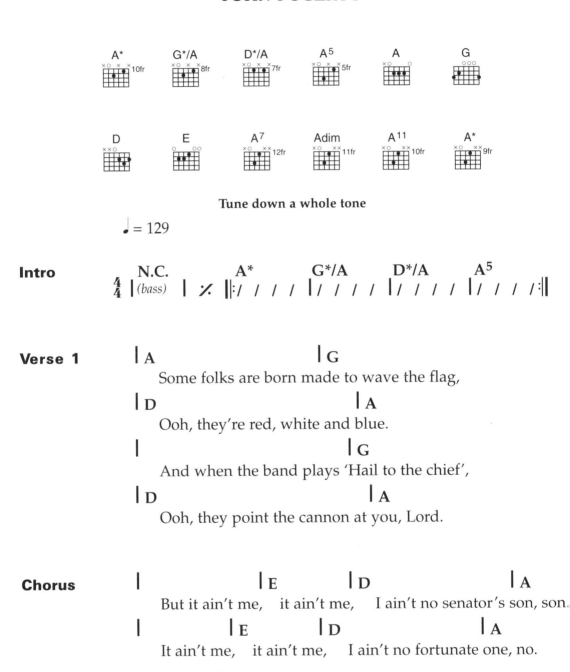

Tune down a whole tone

♩ = 129

Intro

N.C.
(bass)

$\frac{4}{4}$ | % ‖: / / / / | / / / / | / / / / | / / / / :‖

A*   G*/A   D*/A   A⁵

Verse 1

| A | G
Some folks are born made to wave the flag,
| D | A
Ooh, they're red, white and blue.
| | G
And when the band plays 'Hail to the chief',
| D | A
Ooh, they point the cannon at you, Lord.

Chorus

| | E | D | A
But it ain't me,   it ain't me,   I ain't no senator's son, son.
| | E | D | A
It ain't me,   it ain't me,   I ain't no fortunate one, no.

Verse 2

|A |G

Some folks are born silver spoon in hand,

|D |A

Lord, don't they help themselves, y'all.

| |G

But when the taxman comes to the door,

|D |A

Lord, the house looks like a rummage sale, yes.

Chorus 2

| |E |D |A

It ain't me,   it ain't me,   I ain't no millionaire's son, no.

| |E |D |A

It ain't me,   it ain't me,   I ain't no fortunate one, no.

Link

A⁷   Adim   A¹¹   A¹¹ A*

‖: / / / / | / / / / | / / / / | / / / / :‖

Verse 3

|A |G

Some folks inherit star-spangled eyes,

|D |A

Ooh, they send you down to war, Lord,

| |G

And when you ask them, 'How much should we give?'

|D |A

Ooh, they only answer more, more, more, y'all.

Chorus 3

| |E |D |A

It ain't me,   it ain't me,   I ain't no military son, son.

| |E |D |A

It ain't me,   it ain't me,   I ain't no fortunate one, one.

Coda

| |E |D |A

It ain't me, it ain't me, I ain't no fortunate one, no, no, no,

| |E |D |A

It ain't me,   it ain't me,   I ain't no fortunate son. *(fade)*

Get It On

Words and Music by
MARC BOLAN

♩ = 120

Intro

E
𝄴 ‖: / / / / | / / / / | / / / / :‖ / / / /

Verse 1

| | E | A
Well you're dirty and sweet, clad in black,
| E
Don't look back and I love you,
| A | E
You're dirty and sweet, oh yeah.
| | |
Well you're slim and you're weak,
| A | E
You've got the teeth of the Hydra upon you,
| A | E
You're dirty sweet and you're my girl.

Chorus

| | G | Am | E
Get it on, bang a gong, get it on.
| | G | Am | E | | |
Get it on, bang a gong, get it on. / / / / / / / / / / / /

72   © 1971 Westminster Music Ltd, London SW10 0SZ

Verse 2

| | | E

Well you're built like a car –

| A | E

You got a hubcap diamond star halo,

| A | E

You're built like a car, oh yeah.

| | | | A

Well you're an untamed youth, that's the truth,

| E

With your cloak full of eagles,

| A | E

You're dirty sweet and you're my girl.

Chorus 2

| | G | Am | E

Get it on, bang a gong, get it on.

| | G | Am | E | | |

Get it on, bang a gong, get it on.   / / / / / / / / / / / /

Verse 3

| | E

Well you're windy and wild –

| A | E

You got the blues in your shoes and your stockings,

| A | E

You're windy and wild, oh yeah.

| | E

Well you're built like a car –

| A | E

You got a hubcap diamond star halo,

| A | E

You're dirty sweet and you're my girl.

73

Chorus 3 | | G | Am | E

Get it on, bang a gong, get it on.

| | G | Am | E |

Get it on, bang a gong, get it on.   / / / / / / / /

Link   E

‖: / / / / | / / / / | / / / / :‖ / / / /

Verse 4 | | E | A

Well you're dirty and sweet, clad in black,

| E

Don't look back and I love you,

| A | E

You're dirty and sweet, oh yeah.

| |

Well, you dance when you walk

| A | E

So let's dance, take a chance, understand me,

| A | E

You're dirty sweet and you're my girl.

Chorus 4 | | G | Am | E

Get it on, bang a gong, get it on.

| | G | Am | E

Get it on, bang a gong, get it on.

| | G | Am | E |

Get it on, bang a gong, get it on.   / / / / / / / /

Link 2   E

‖: / / / / | / / / / | / / / / :‖ / / / /

74

Chorus 5 ‖: |G |Am |E   :‖ x3

Get it on, bang a gong, get it on.   / / / /

| |G |Am |E

Get it on, bang a gong, right on!

|

Take me!

Guitar solo |G |Am |E | |

/ / / / / / / / / / / / / / / / / / / /

Coda | | | |E | *(fade)*

Well,   meanwhile I'm still thinking…   / / / /

Happy

Words and Music by
MICK JAGGER AND KEITH RICHARDS

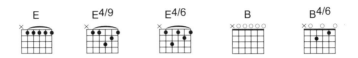

E-based chords are at the 5th fret from capo, actual 9th fret. Chords given are at actual pitch.
Open G tuning D G D G B D, capo IV.

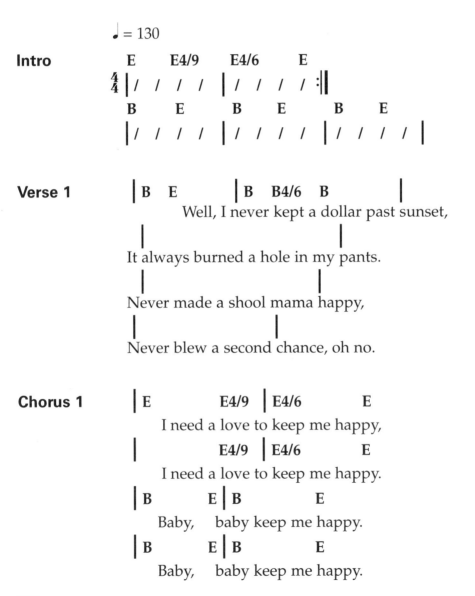

♩ = 130

Intro

E	E4/9	E4/6	E
/ / / /	/ / / /		

𝄆 ... 𝄇

| B | E | B | E | B | E |
| / / / / | / / / / | / / / / |

Verse 1

| B E | B B4/6 B |
Well, I never kept a dollar past sunset,

It always burned a hole in my pants.

Never made a shool mama happy,

Never blew a second chance, oh no.

Chorus 1

| E   E4/9 | E4/6   E |
I need a love to keep me happy,

| E4/9 | E4/6   E |
I need a love to keep me happy.

| B   E | B   E |
Baby,   baby keep me happy.

| B   E | B   E |
Baby,   baby keep me happy.

Verse 2

|B   B4/6 B |

Always took candy from strangers,

| |

Didn't wanna get me no trade.

| |

Never want to be like papa,

| |

Working for the boss every night and day.

Chorus 2

|E   E4/9 |E4/6   E

    I need a love to keep me happy,

| E4/9 |E4/6   E |B   E

    I need a love, baby won't you keep me happy.

|B   E |B   E

    Baby,   baby keep me happy.

|B   E

    Baby, please keep me.

Link solo

    B   E   B   E   B   E

‖: / / / / | / / / / :‖ / / / /

Chorus 2

|E   E4/9 |E4/6   E

    I need a love to keep me happy,

| E4/9 |E4/6   E

    I need a loveto keep me happy.

|B   E|B   E

    Baby,   baby keep me happy.

|B   E|B

    Baby.

Verse 3

|B B4/6 B |

Never got a flash out of cocktails

When I got some flesh off the bone.

Never got a lift out of Lear jets,

When I can fly way back home.

Chorus 2

|E   E4/9 |E4/6   E

I need a love to keep me happy,

| E4/9 |E4/6   E

I need a love to keep me happy.

|B E|B   E

Baby, baby keep me happy.

|B E|B   E

Baby, baby keep me happy.

|B

Baby!

Coda solo

E E4/9 |E4/6 E | E E4/9 |E4/6   E

/ / / / / / / / / / / / / / / /

||: B   E | B   E :|| *repeat ad lib to fade*

Happy, Baby, won't you keep me

He Aint Heavy, He's My Brother

Words by BOB RUSSELL
Music by BOBBY SCOTT

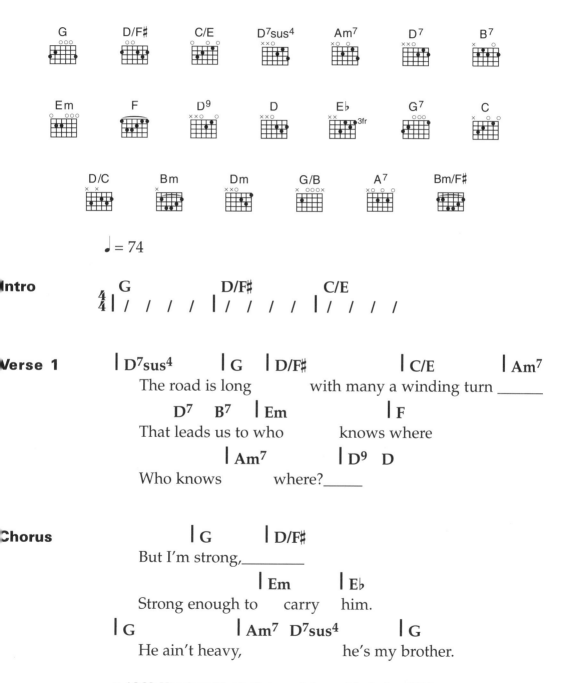

♩ = 74

Intro

$\frac{4}{4}$ | G / / / / | D/F♯ / / / / | C/E / / / / |

Verse 1

| D⁷sus⁴ | G | D/F♯ | C/E | Am⁷
The road is long   with many a winding turn _____

         D⁷   B⁷ | Em | F
That leads us to who   knows where

         | Am⁷ | D⁹   D
Who knows   where?_____

Chorus

            | G | D/F♯
But I'm strong,_____

            | Em | E♭
Strong enough to   carry   him.

| G | Am⁷   D⁷sus⁴ | G
He ain't heavy,   he's my brother.

Verse 2

| Am⁷ D⁷sus⁴ | G

So on we   go_____

| D/F♯ | C/E

His welfare is my concern,

| Am⁷   D⁷ B⁷ | Em | F

No burden is he   to bear

| Am⁷ | D⁹   D

We'll get   there._____

Chorus 2

| G | D/F♯

For I know _____

| Em | E♭

He would not   encumber me.

| G | Am⁷ D⁷sus⁴ | G

He ain't heavy,   he's my brother.

Bridge

| Am⁷ G⁷ | C | D/C

If I'm laden   at all

| C | D/C

I'm laden   with sadness

| Bm | Dm

That   everyone's   heart

| C   B⁷ | Em   G⁷

Isn't   filled   with the gladness _____

| C   G/B | A⁷ | D⁷sus⁴

Of love _____   for one another.

80

Verse 3

| N.C. | G

It's a long, long road

| D/F♯ | C/E

From which there is no return.

| Am^7 D^7 B^7 | Em | F

While we're on the way to   there,

            | Am^7 | D^9 D

Why not share?_____

Chorus 3

              | G

And the load ____

| Bm/F♯ | Em | E♭

Doesn't weigh me down   at all.

| G | Am^7 D^{7}sus^4 | G

He ain't heavy,   he's my brother.

Link

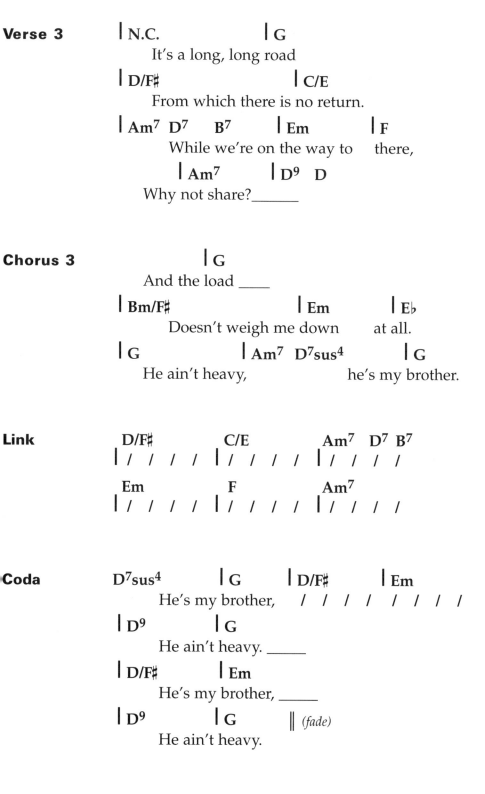

D/F♯   C/E   Am^7 D^7 B^7

| / / / / | / / / / | / / / /

Em   F   Am^7

| / / / / | / / / / | / / / /

Coda

D^{7}sus^4 | G | D/F♯ | Em

He's my brother,   / / / / / / / /

| D^9 | G

He ain't heavy. _____

| D/F♯ | Em

He's my brother, _____

| D^9 | G   ‖ *(fade)*

He ain't heavy.

Heroin

**Words and Music by
LOU REED**

D   G/D   G⁶   G   Gadd⁹   G*/D   A/D

Tune down a semitone

♩ = 67   quicker
                           ♩ = 95

Intro

     D   G/D   x4   D   G⁶   x4

4/4 | / / / / |: / / / / | / / / / :||: / / / / | / / / / :|

Verse 1

|D |G⁶ |D |G⁶
I   don't know

          |D |G⁶ |D
Just where I'm going   / / / /   / / / /

|G⁶ |D |G⁶ |D |G⁶ |D
But I'm   gonna try for the kingdom, if I can.

(quicker) |G |D
'Cause it makes me feel like I'm a man

             |G |D
When I put a spike into my vein

           |G |D
And I'll tell you, things aren't quite the same,

         |G |D
When I'm rushing on my run,

         |G |D
And I feel just like Jesus' son,

         |G |D
And I guess that I just don't know,

         |G |D
And I guess that I just don't know.

Link *(slower)* **Gadd⁹** **D** **Gadd⁹**

| / / / / | / / / / | / / / /

Verse 2 | D | G⁶ | D | G⁶ | D | G⁶ | D

I   have made   the big decision:

| G⁶ | D | G⁶ | D | G⁶ | D

  I'm   gonna try   to nullify my life

(quicker) | G | D

'Cause when the blood begins to flow,

| G | D

When it shoots up the dropper's neck,

| G | D

When I'm closing in on death,

| G*/D A/D G*/D | D | G*/D A/D G*/D

/ / / / / / / / / / / /

| D | G | D

  And you can't help me now, you guys,

| G | D

Or all you sweet girls with all your sweet talk,___

| G | D

You can all go take a walk.

| G | D

And I guess that I just don't know,

| G | D

And I guess that I just don't know.

Link *(slower)* **Gadd⁹** **D** **Gadd⁹**

| / / / / | / / / / | / / / /

Verse 3　　　|D 　|G⁶ 　|D 　|G⁶
　　　　　　　　I 　　　wish that

　　　　　　　　　　　　　　　　|D 　|G⁶ 　|D
I was born a thousand years ago.
|G⁶ |D |G⁶ 　|D 　|G⁶ 　　　　　　|D
　　I 　　　wish that 　　　I'd sail the darkened seas
　　|G 　　　　|D
On a great big clipper ship

(quicker) 　　　|G 　　　　|D
Going from this land here to that
　|G 　　　|D
In a sailor's suit and cap.
|G 　　　|D 　　　|G
/ / / / 　/ / / / 　/ / / /
|D 　|G 　　|D
　Away from the big city
　|G 　　|D
Where a man cannot be free
　　|G 　|D
Of all of the evils of this town
　　|G 　　|D
And of himself, and those around.
　　|G 　　　|D
Oh, and I guess that I just don't know,
　|G 　　　　|D
Oh, and I guess that I just don't know.

Link 　*(slower)* **Gadd⁹** 　　**D** 　　　**Gadd⁹**
　　　　　| / / / / / | / / / / / | / / / / /

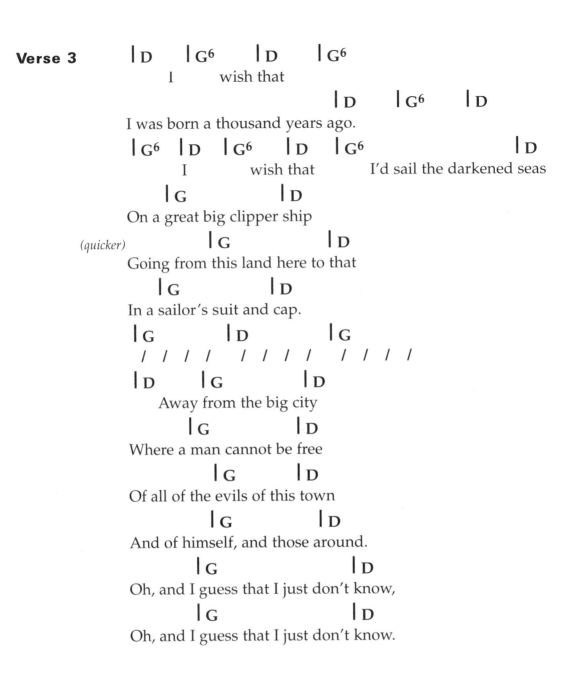

Verse 4

```
|D   |G⁶   |D   |G⁶                    |D
```
He - - - ro - in,   be the death of me. __

```
|G⁶        |D        |G⁶
 /  /  /  /   /  /  /  /   /  /  /  /
```

```
|D   |G⁶   |D        |G⁶                |D
```
He - - - ro - in, it's my wife and it's my life

```
          |G            |D
```
Because a mainer to my vein

```
          |G            |D
```
Leads to a center in my head

```
          |G            |D        |G
```
And then I'm better off than dead.   / / / /

Link

```
  D          G          D          G
‖: /  /  /  /  |  /  /  /  /  |  /  /  /  /  |  /  /  /  / :‖
  D          G
| /  /  /  /  |  /  /  /  /
```

```
|D                 |G            |D
```
Because when the smack begins to flow

```
|G               |D
```
I really don't care any - - more

```
          |G            |D
```
About all the Jim-Jims   in this town,

```
          |G                 |D
```
And all the politicians making   crazy sounds,

```
          |G                 |D
```
And everybody putting   everybody else down,

```
          |G            |D        |G
```
And all the dead bodies piled up in mounds.

Link

```
       D              G                D              G*/D   A/D  G*/
       / / / /   | / / / /  | / / / /  | /   /   /   /
       D              G          x6
      ||: / / / /  | / / / / :||
```

Verse 5

| D | G | D |

'Cause when the smack begins to flow

| G | D |

Then I really don't care anymore.

```
| G          | D          | G
  / / / /      / / / /      / / / /
```

| D | G | D |

Ah, when the heroin is in my blood

| G | D |

And   that blood is in my head

| G | D |

Then thank God that I'm as good as dead

| G | D |

And thank your God that I'm not aware,

| G | D |

And thank God that I just don't care,

| G | D |

And I guess I just don't know, oh,

| G |

And I guess I just don't know.

(slower) | D | G6 |

```
  / / / /    / / / /
```

Coda

```
       D              G6        x3  D
      ||: / / / /  | / / / / / :||  /      ||
```

I Feel The Earth Move

Words and Music by
CAROLE KING

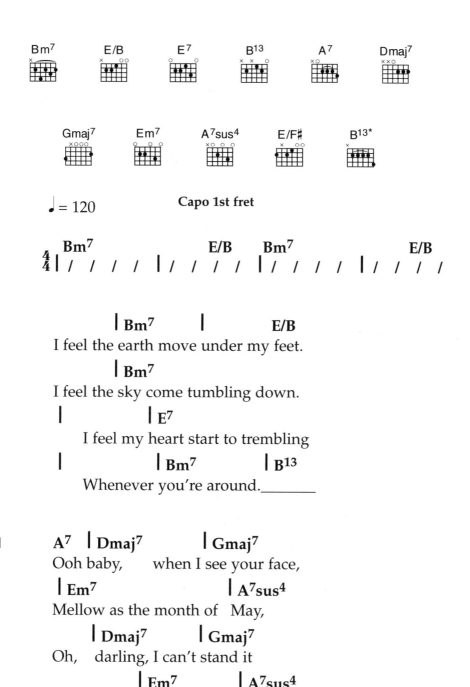

$\quad$ = 120   **Capo 1st fret**

Intro

$\frac{4}{4}$ | Bm⁷ / / / / | / / / / E/B | Bm⁷ / / / / | / / / E/B /

Chorus

| Bm⁷ | E/B

I feel the earth move under my feet.

| Bm⁷

I feel the sky come tumbling down.

| | E⁷

I feel my heart start to trembling

| | Bm⁷ | B¹³

Whenever you're around._____

Verse 1

A⁷ | Dmaj⁷ | Gmaj⁷

Ooh baby,   when I see your face,

| Em⁷ | A⁷sus⁴

Mellow as the month of   May,

| Dmaj⁷ | Gmaj⁷

Oh,   darling, I can't stand it

| Em⁷ | A⁷sus⁴

When you look at me that way.

Chorus 2

E/F♯ | Bm⁷ | E/B
Hey, I feel the earth move under my feet.

| Bm⁷
I feel the sky tumbling down.

| | E⁷
I feel my heart start to trembling

| | Bm⁷ | B¹³ | Bm⁷ | B¹³ N.C.
Whenever you're around._____ / / /

Instrumental

Bm⁷ E/B Bm⁷ E⁷
‖: / / / / | / / / / | / / / / | / / / / :‖

Bm⁷ E⁷ Bm⁷ E⁷
| / / / / | / / / / | / / / / | / / / /

Bm⁷ E⁷ Bm⁷
| / / / / | / / / / | / / / /

Verse 2

| E⁷ A⁷ | Dmaj⁷ | Gmaj⁷
Ooh darling, when you're near me

| Em⁷ | A⁷sus⁴
And you tenderly call my name,

| Dmaj⁷ | Gmaj⁷
I know that my emotions

| Em⁷ | A⁷sus⁴
Are something I just can't tame.

| E/F♯ | Bm⁷
I just got to have ya, baby.

| E/B | Bm⁷ | E/B
Uh, uh, uh, uh, uh, uh, yeah._____

Chorus 3

‖:Bm⁷ | E/B

I feel the earth move under my feet.

| Bm⁷ | E/B   :‖

I feel the sky tumbling down, a-tumbling down.

| Bm⁷ | E⁷

I just a-lose control _____

| Bm⁷ | E⁷

Down to my very soul. _____

| Bm⁷ | E⁷

I get   hot and cold _____

| Bm⁷ | E/B

All over, all over, all over, all over.

Chorus 4

‖:Bm⁷ | E/B

I feel the earth move under my feet.

| Bm⁷

I feel the sky tumbling down,

┌1 ─────────────────┐ ┌2 ─────────────

| E/B   :‖

a-tumbling   down,   a-tumbling down,

| Bm⁷ | E/B

A-tumbling down,   a-tumbling down,

| Gmaj⁷ | B¹³*   ‖

A-tumbling   down,   tumbling down._____

89

A Horse With No Name

Words and Music by
DEWEY BUNNELL

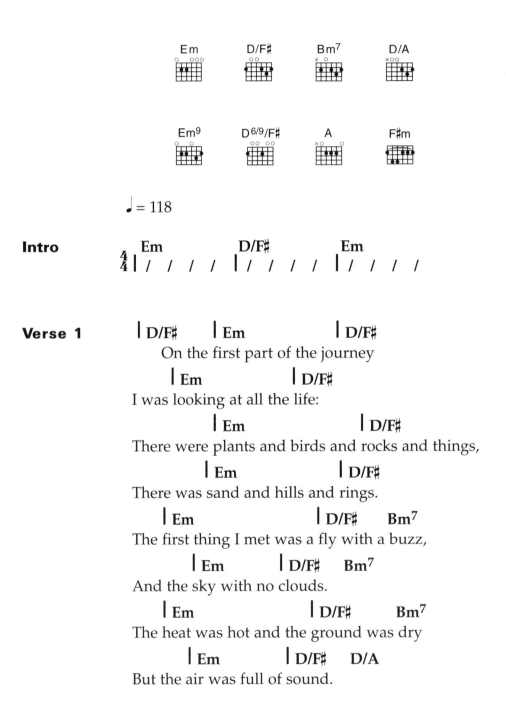

♩ = 118

Intro

Em   D/F♯   Em

$\frac{4}{4}$ | / / / / | / / / / | / / / /

Verse 1

| D/F♯ | Em | D/F♯
On the first part of the journey

| Em | D/F♯
I was looking at all the life:

| Em | D/F♯
There were plants and birds and rocks and things,

| Em | D/F♯
There was sand and hills and rings.

| Em | D/F♯   Bm⁷
The first thing I met was a fly with a buzz,

| Em | D/F♯   Bm⁷
And the sky with no clouds.

| Em | D/F♯   Bm⁷
The heat was hot and the ground was dry

| Em | D/F♯   D/A
But the air was full of sound.

Chorus

| Em^9 | D$^{6/9}$/F$\sharp$

I've been through the desert on a horse with no name,

| Em^9 | D$^{6/9}$/F$\sharp$

It felt good to be out of the rain.

| Em^9 | D$^{6/9}$/F$\sharp$

In the desert you can remember your name

| Em | D/F$\sharp$ D/A

'Cause there ain't no-one for to give you no pain.

Link

| Em^9 | D$^{6/9}$/F$\sharp$ | Em^9 | D$^{6/9}$/F$\sharp$

La la,   la la la la la, la la la, la la.

| Em^9 | D$^{6/9}$/F$\sharp$ | Em^9 | D/A

La la,   la la la la la, la la la, la la.

Verse 2

| Em | D/F$\sharp$

After two days in the desert sun

| Em | D/F$\sharp$

My skin began to turn red.

| Em | D/F$\sharp$

After three days in the desert fun

| Em | D/A

I was looking at a river bed:

| Em | D/F$\sharp$

And the story it told of a river that flowed

| Em | D/F$\sharp$ D/A

Made me sad to think it was dead.

Chorus 2

| Em^9 | D$^{6/9}$/F$\sharp$

You see I've been through the desert on a horse with no name,

| Em^9 | D$^{6/9}$/F$\sharp$

It felt good to be out of the rain.

| Em^9 | D$^{6/9}$/F$\sharp$

In the desert you can remember your name

| Em | D/F$\sharp$ D/A

'Cause there ain't no-one for to give you no pain.

Link 2

| Em^9 | D$^{6/9}$/F$\sharp$ | Em^9 | D$^{6/9}$/F$\sharp$ Bm^7

La la la, la la la la la, la la la, la la.

| Em^9 | D$^{6/9}$/F$\sharp$ | Em^9 | A

La la la, la la la la la, la la la, la la.

Guitar solo

Em   F$\sharp$m   Em^9 A

| / / / / / | / / / / | / / / / | / / / /

Em^9 D$^{6/9}$/F$\sharp$ Bm^7 Em

| / / / / / | / / / / | / / / /

Verse 3

| A | Em^9 | D$^{6/9}$/F$\sharp$

After nine days I let the horse run free

| Em^9 | D$^{6/9}$/F$\sharp$ Bm^7

'Cause the desert had turned to sea:

| Em^9 | D$^{6/9}$/F$\sharp$ Bm^7

There were plants and birds and rocks and things,

| Em^9 | D$^{6/9}$/F$\sharp$ Bm^7

There was sand and hills and rings.

| Em^9 | D$^{6/9}$/F$\sharp$

The ocean is a desert with its life underground

| Em^9 | D$^{6/9}$/F$\sharp$ Bm^7

And a perfect disguise above.

| Em^9 | D$^{6/9}$/F$\sharp$

Under the cities lies a heart made of ground

| Em^9 | A

But the humans will give no love.

Chorus 3

| Em^9 | D$^{6/9}$/F$\sharp$
You see I've been through the desert on a horse with no name,

| Em^9 | D$^{6/9}$/F$\sharp$
It felt good to be out of the rain.

| Em^9 | D$^{6/9}$/F$\sharp$
In the desert you can remember your name

| Em | D/F$\sharp$ D/A
'Cause there ain't no-one for to give you no pain.

Coda

| Em^9 | D$^{6/9}$/F$\sharp$ | Em^9 | D$^{6/9}$/F$\sharp$ Bm^7
La la la,   la la la la la,   la la la,   la   la.

| Em^9 | D$^{6/9}$/F$\sharp$ | Em^9 | A
La la la,   la la la la la,   la la la,   la   la.   *(repeat to fade)*

93

It's Only Rock And Roll

Words and Music by
MICK JAGGER AND KEITH RICHARDS

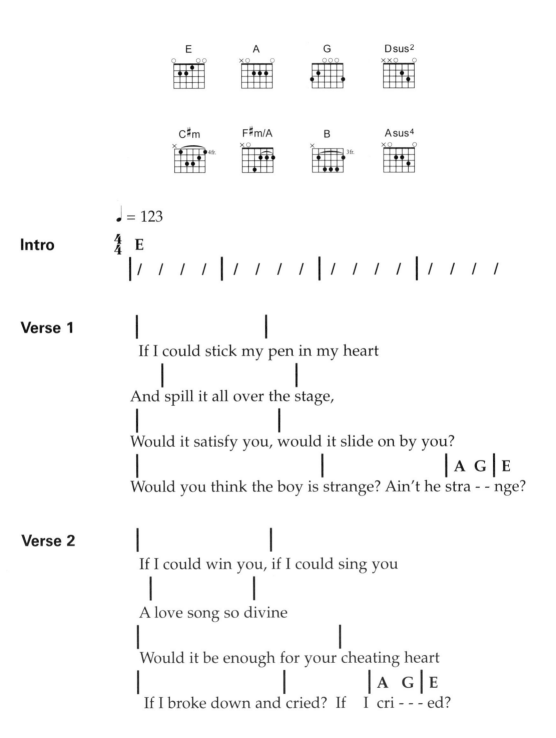

Intro   ♩ = 123   4/4   E

Verse 1

If I could stick my pen in my heart

And spill it all over the stage,

Would it satisfy you, would it slide on by you?

|A G |E

Would you think the boy is strange? Ain't he stra - - nge?

Verse 2

If I could win you, if I could sing you

A love song so divine

Would it be enough for your cheating heart

|A G |E

If I broke down and cried? If I cri - - - ed?

Chorus 1

|A | |E |

I said I know it's only rock and roll but I like it.   / / / /

|A | |B   D |A   E

I know it's only rock and roll but I like it, like it, yes I do.

      |A | |E

Oh well, I like it,   I like it,

| |A

    I like it.

| |Dsus2   A |Dsus2 A |E

     I said, can't you see that this old boy has been a-lonely?

|

  / / / /

Verse 3

| |

   If I could stick a knife in my heart,

| |

Suicide right on stage,

| |

Would it be enough for your teenage lust?

| | |A G|E

Would it help to ease the pain? Ease your br - a - in?

Verse 4

| |

   If I could dig down deep in my heart,

| |

Feelings would flood on the page.

| |

Would it satisfy you? Would it slide on by you?

| | |A G|E

Would you think the boy's insane? He's ins - a - ne?

Chorus 2

| |A | |E

  I said I know it's only rock and roll but I like it.

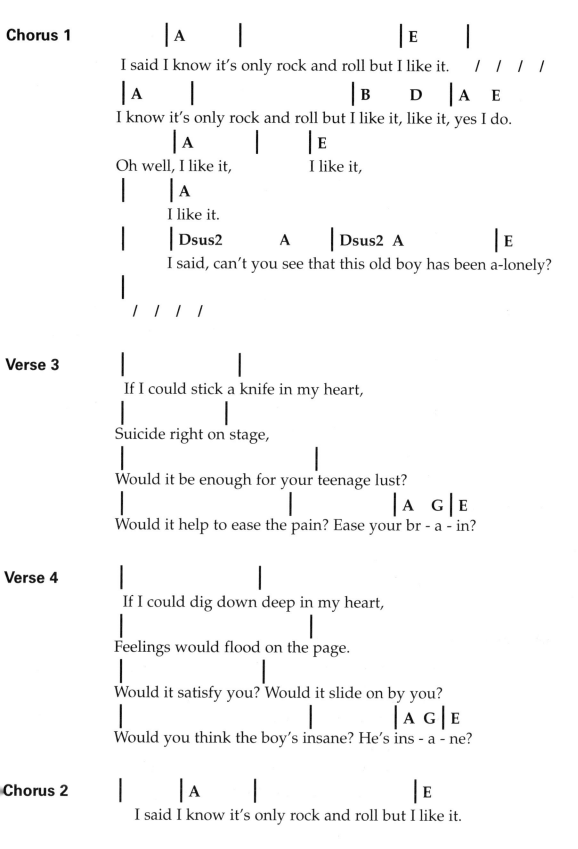

```
|     |A          |              |E    D  |A   E
   I said, I know it's only rock and roll but I like it, like it, yes I d
         |A      |C#m F#m/A   A  |E
Oh well, I like it,        yeah        I like it,
|     |A
   I like it.
|        |Dsus2   A    |Dsus2 A         |E
     I said, can't you see that this old boy has been a-lonely?
|
   / / / /
```

Bridge
```
|B                    |                    |Asus4  A
   And do you think that you're the only girl all around?
|
   / / / /
|B                    |                    |Asus4  A
    I bet you think that you're the only woman in town.
|C#m  F#m/ A    A
```

Guitar Solo   E
```
‖: / / / / | / / / / | / / / / | / / / / :‖
   A G E
| / / / /
```

Chorus 3   ‖: |A | |E   :‖
```
      I said I know it's only rock and roll but I like it.   / / / /
|A       |                    |E          |
I know it's only rock and roll but I like it,        / / / /
   |A       |                    |E    D  |A   E
      I know it's only rock and roll but I like it, like it, yes I d•
         |A      |C#m F#m/A   A  |E
Oh well, I like it,              I like it,
```

| | |A |C#m F#m/A A |E
I like it,   I   like it,

| | |A |C#m F#m/A A |E
/ / / / I like it.   I   like it.

Coda ‖: |A
(Only rock and roll but) I like it.

|E :‖ *repeat to fade*
(Only rock and roll but) I like it.

It's Too Late

Words and Music by
CAROLE KING AND TONI STERN

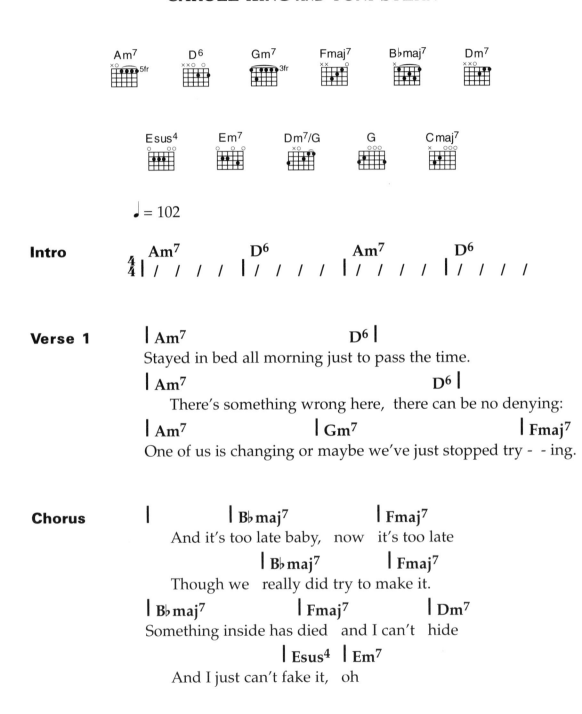

♩ = 102

Intro

$\frac{4}{4}$ | Am^7 / / / / | D^6 / / / / | Am^7 / / / / | D^6 / / / /

Verse 1

| Am^7 D^6 |
Stayed in bed all morning just to pass the time.
| Am^7 D^6 |
   There's something wrong here, there can be no denying:
| Am^7 | Gm^7 | Fmaj^7
One of us is changing or maybe we've just stopped try - - ing.

Chorus

| | B♭maj^7 | Fmaj^7 |
And it's too late baby, now it's too late
            | B♭maj^7 | Fmaj^7
Though we really did try to make it.
| B♭maj^7 | Fmaj^7 | Dm^7
Something inside has died and I can't hide
            | Esus^4 | Em^7
And I just can't fake it, oh

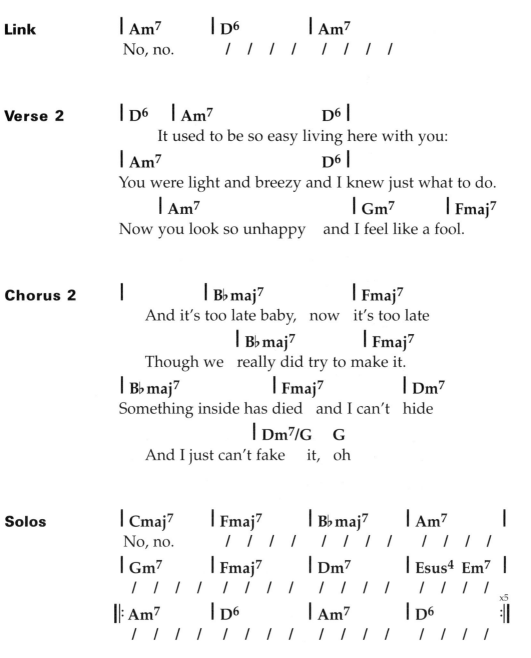

Link |Am^7 |D^6 |Am^7
No, no. / / / / / / / /

Verse 2 |D^6 |Am^7 D^6|
It used to be so easy living here with you:
|Am^7 D^6|
You were light and breezy and I knew just what to do.
|Am^7 |Gm^7 |Fmaj^7
Now you look so unhappy and I feel like a fool.

Chorus 2 | |B♭maj^7 |Fmaj^7
And it's too late baby, now it's too late
|B♭maj^7 |Fmaj^7
Though we really did try to make it.
|B♭maj^7 |Fmaj^7 |Dm^7
Something inside has died and I can't hide
|Dm^7/G G
And I just can't fake it, oh

Solos |Cmaj^7 |Fmaj^7 |B♭maj^7 |Am^7 |
No, no. / / / / / / / / / / / /
|Gm^7 |Fmaj^7 |Dm^7 |Esus^4 Em^7 |
/ / / / / / / / / / / / / / / /
x5
|: Am^7 |D^6 |Am^7 |D^6 :|
/ / / / / / / / / / / / / / / /

Verse 3

| Am⁷　　　　　　　　　D⁶ |
There'll be good times again for me and you,

　| Am⁷　　　　　　　　　　D⁶ |
But we just can't stay together – don't you feel it too?

　　| Am⁷　　　　| Gm⁷　　　　| Fmaj⁷
Still I'm glad for what we had　　and how I once loved you.

Chorus 3

|　　　| B♭maj⁷　　| Fmaj⁷
But　it's too late baby, now it's too late

　　| B♭maj⁷　　| Fmaj⁷
Though we really did　try to make it.

| B♭maj⁷　　　| Fmaj⁷　　　| Dm⁷
Something inside has died　and I can't hide

　　　| Dm⁷/G　G
And I just can't fake　　it, oh

Link

| Cmaj⁷　　| Fmaj⁷　| B♭maj⁷　| Am⁷
No, no, no no. _____　　/ / / /　/ / / /

| Gm⁷　　| Fmaj⁷　　| Dm⁷
/ / / / / / / / / / / /

Coda

| Dm⁷/G　G　| Cmaj⁷ | Fmaj⁷
It's too late,　　baby.

　| Cmaj⁷　| Fmaj⁷
It's too late, now darling.

　　| Cmaj⁷　‖
It's too late.

Itchycoo Park

Words and Music by
STEVE MARRIOTT AND RONNIE LANE

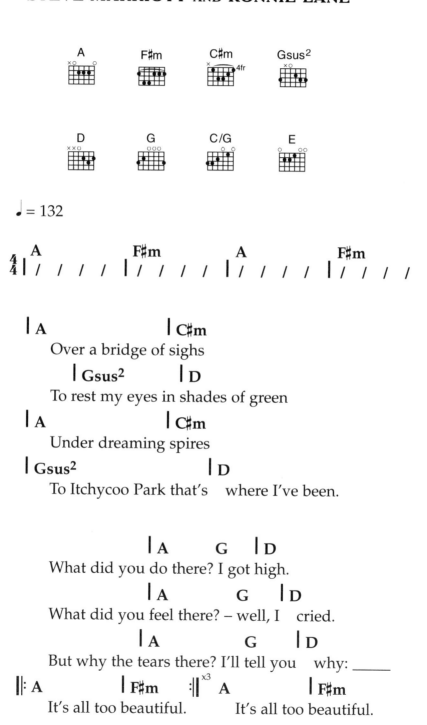

♩ = 132

Intro

$\frac{4}{4}$ | A / / / / | F♯m / / / / | A / / / / | F♯m / / / /

Verse 1

| A | C♯m
Over a bridge of sighs
| Gsus² | D
To rest my eyes in shades of green
| A | C♯m
Under dreaming spires
| Gsus² | D
To Itchycoo Park that's   where I've been.

Chorus

                    | A   G | D
What did you do there? I got high.
                    | A   G | D
What did you feel there? – well, I   cried.
                    | A   G | D
But why the tears there? I'll tell you   why: _____
‖: A | F♯m   :‖ ˣ³ A | F♯m
It's all too beautiful.   It's all too beautiful.

```
            | A              | C/G
   I feel inclined to blow my mind
            | G         | D          | A
   ᐧGet up,  feed the ducks with a bun.
              |              | C/G
   They all come out to groove about
            | G         D        | E          |
   Be nice and have fun in the sun.        /  /  /  /
```

Verse 2 | A | C♯m
```
              I'll tell you what I'll do
                         | Gsus² | D
   ⎧          (What will you do?)
   ⎨                   I'd like to go there now with you.
   ⎩  | A                  | C♯m
              You can miss out school,
                         | Gsus²     | D
   ⎧          (Won't that be cool)
   ⎨                  Why go to learn the words of fools?
   ⎩
```

Chorus 2 | A   G | D
```
              What will we do there? We'll get    high.
                             | A         G              | D
              What will we touch there?    We'll touch the sky.
                             | A       G     | D
              But why the tears there? I'll tell    you why:____
   ‖: A           | F♯m     :‖ˣ³  A              | F♯m
              It's all too beautiful.       It's all too beautiful.
```

Bridge 2

| A | C/G

I feel inclined to blow my mind

   | G | D | A

Get up, feed the ducks with a bun.

     | | C/G

They all come out to groove about

   | G   D | E |

Be nice and have fun in the sun.   / / / /

Coda

‖: A | F♯m   :‖ ×3

It's all too beautiful.

| A | F♯m | Drum fill |

‖: / / / / / Ha! / / :‖

A | F♯m   *repeat vocal ad lib. to fade*

It's all too beautiful.

103

Layla

Words and Music by
JIM GORDON AND ERIC CLAPTON

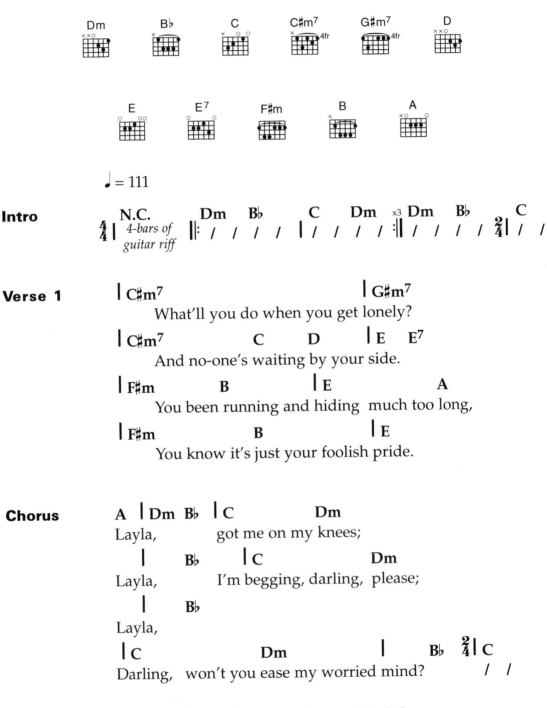

♩ = 111

Intro

N.C.
4-bars of
guitar riff

4/4 ‖: / / / / | / / / / :‖ | / / / / | 2/4 | / /

×3 Dm B♭ C

| Dm B♭ | C | Dm

Verse 1

| C♯m⁷ | G♯m⁷
What'll you do when you get lonely?

| C♯m⁷   C   D | E   E⁷
And no-one's waiting by your side.

| F♯m   B | E   A
You been running and hiding much too long,

| F♯m   B | E
You know it's just your foolish pride.

Chorus

A | Dm B♭ | C   Dm
Layla,   got me on my knees;

| B♭ | C   Dm
Layla,   I'm begging, darling, please;

| B♭
Layla,

| C   Dm | B♭ 2/4 | C
Darling, won't you ease my worried mind?   / /

Verse 2

| C♯m^7 | G♯m^7

Tried to give you consolation

| C♯m^7 C   D | E   E^7

When your old man had let you down.

| F♯m   B | E   A

Like a fool, I fell in love with you,

| F♯m   B | E

You turned my whole world upside down.

Chorus 2

A | Dm B♭ | C   Dm

Layla,   got me on my knees;

| B♭ | C   Dm

Layla,   I'm begging, darling, please;

| B♭

Layla,

| C   Dm | B♭ $\frac{2}{4}$| C

Darling,   won't you ease my worried mind?   /   /

Verse 3

| C♯m^7 | G♯m^7

Let's make the best of the situation

| C♯m^7 C   D | E   E^7

Before I finally go insane.

| F♯m   B | E   A

Please don't say we'll never find a way,

| F♯m   B | E

Don't tell me all my love's in vain.

105

Chorus 3

A | Dm Bb | C   Dm

Layla,   got me on my knees;

| Bb | C   Dm

Layla,   I'm begging, darling, please;

| Bb

Layla,

| C   Dm | Bb | C   Dm

Darling,   won't you ease my worried mind?

Chorus 4

| Bb | C   Dm

Lay - la,   got me on my knees;

| Bb | C   Dm

Layla,   I'm begging, darling, please;

| Bb

Layla,

| C   Dm | Bb | C   Dm

Darling,   won't you ease my worried mind?

Coda

Dm   Bb   C   Dm

‖: / / / / | / / / / :‖   *to fade*

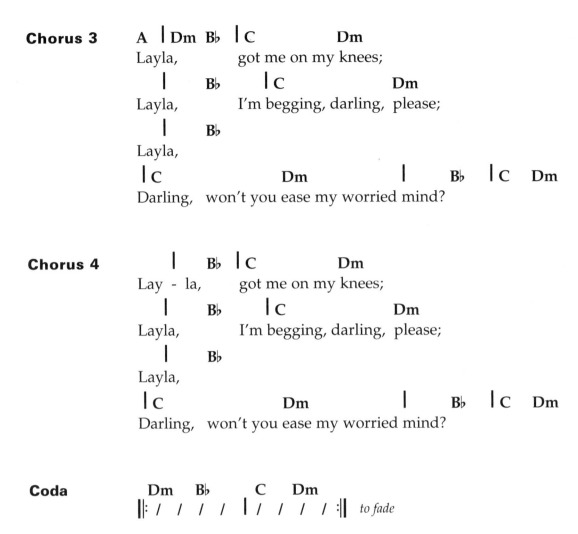

106

Light My Fire

Words and Music by
JIM MORRISON, RAYMOND MANZA
JOHN DENSMORE AND ROBERT KR'

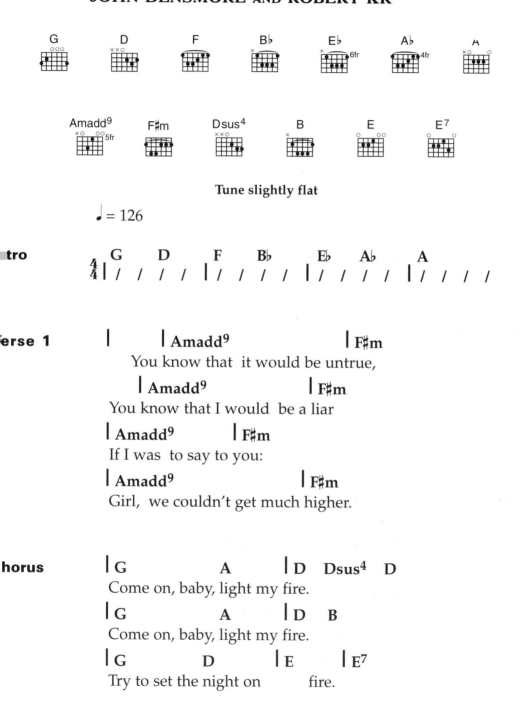

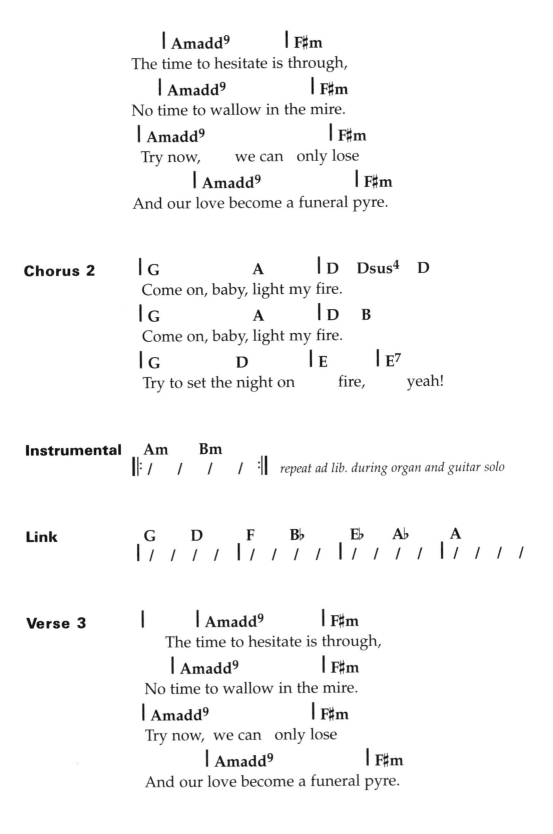

     | Amadd⁹ | F♯m

The time to hesitate is through,

     | Amadd⁹ | F♯m

No time to wallow in the mire.

   | Amadd⁹ | F♯m

  Try now,   we can   only lose

        | Amadd⁹ | F♯m

And our love become a funeral pyre.

Chorus 2 | G   A | D   Dsus⁴ D

            Come on, baby, light my fire.

           | G   A | D   B

           Come on, baby, light my fire.

           | G   D | E | E⁷

           Try to set the night on   fire,   yeah!

Instrumental   Am   Bm

           ‖: /   /   /   / :‖ *repeat ad lib. during organ and guitar solo*

Link   G   D   F   B♭   E♭   A♭   A

      | / / / / | / / / / | / / / / | / / / /

Verse 3 | | Amadd⁹ | F♯m

        The time to hesitate is through,

      | Amadd⁹ | F♯m

No time to wallow in the mire.

    | Amadd⁹ | F♯m

Try now, we can   only lose

       | Amadd⁹ | F♯m

And our love become a funeral pyre.

Chorus 3

| G   A | D   Dsus⁴   D
Come on, baby, light my fire.
| G   A | D   B
Come on, baby, light my fire.
| G   D | E | E⁷
Try to set the night on   fire.

Verse 4

| | Amadd⁹ | F♯m
You know that it would be untrue,
     | Amadd⁹ | F♯m
You know that I would be a liar
| Amadd⁹ | F♯m
If I was to say to you:
| Amadd⁹ | F♯m
Girl, we couldn't get much higher.

Chorus 4

| G   A | D   Dsus⁴   D
Come on, baby, light my fire.
| G   A | D   Dsus⁴   D
Come on, baby, light my fire.
                                      x3
‖: F   C | D   Dsus⁴   D   :‖
Try to set the night on fire,
| F   C | D |
Try to set the night on fire. _____

Coda

G   D   F   B♭   E♭   A♭
| / / / / | / / / / | / / / /
A
| / / / / | / / / / | /   ‖

109

Leaving On A Jet Plane

Words and Music by
JOHN DENVER

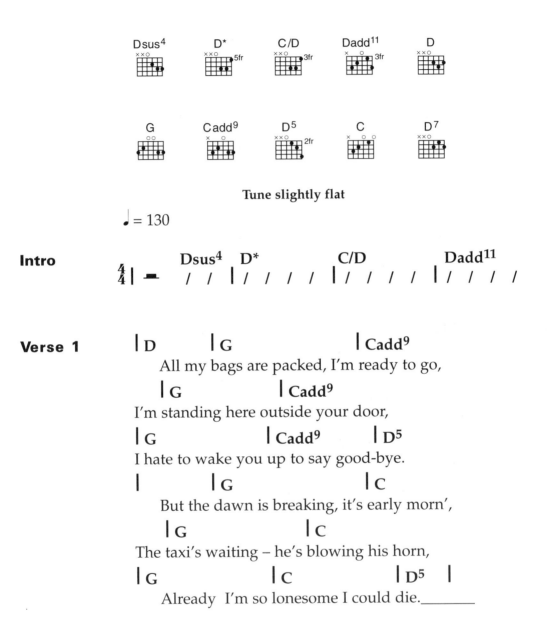

Tune slightly flat

♩ = 130

Intro

Dsus⁴ D*   C/D   Dadd¹¹
4/4 | ▬   / / | / / / / | / / / / | / / / /

Verse 1

| D | G |Cadd⁹
All my bags are packed, I'm ready to go,

| G | Cadd⁹
I'm standing here outside your door,

| G | Cadd⁹ | D⁵
I hate to wake you up to say good-bye.

| | G | C
But the dawn is breaking, it's early morn',

| G | C
The taxi's waiting – he's blowing his horn,

| G | C | D⁵ |
Already I'm so lonesome I could die._____

Chorus

|G |C

So   kiss me and smile for me,

|G |C

Tell me that you'll wait for me,

|G |C |D   Dsus⁴

Hold me like you'll never let me go._____

|D |G |Cadd⁹ |G

   'Cause I'm leaving on a jet plane,_____

                    |Cadd⁹ |G

Don't know when I'll be back again,_____

       |Cadd⁹ |Dsus⁴ |D |D⁷ |

Oh, babe, I hate to go._____

Verse 2

|D |G |Cadd⁹

  There's so   many times I've let you down

 |G |Cadd⁹

So   many times I've played around,

|G |Cadd⁹ |D⁵

  I tell you now they don't mean a thing.

| |G |Cadd⁹

  Every place I go I'll think of you,

 |G |Cadd⁹

Every song I sing I'll sing for you,

  |G |Cadd⁹ |D⁵ |

When I come back I'll bring your wedding ring.   / / / [So]

Chorus 2

|G |C

So   kiss me and smile for me,

|G |C

Tell me that you'll wait for me,

|G |C |D $Dsus^4$

Hold me like you'll never let me go._____

|D |G |$Cadd^9$ |G

    'Cause I'm leaving on a jet plane,_____

           |$Cadd^9$ |G

Don't know when I'll be back again,_____

   |$Cadd^9$ |$Dsus^4$ |D |D^7 |

Oh, babe, I hate to go._____

Verse 3

|G |$Cadd^9$ |G

    Now the time has come to leave you,____

          |$Cadd^9$

One more time   let me kiss you,

|G |$Cadd^9$

    Then close your eyes

         |D^5 |

And   I'll be on my way.   / / / /

|G |$Cadd^9$

Dream about the days to come

    |G |$Cadd^9$

When I won't have to leave alone,

   |G |$Cadd^9$ |D^5 |

About the times I won't have to say: / / / /

Chorus 3

|G |C
So   kiss me and smile for me,

|G |C
Tell me that you'll wait for me,

|G |C |D   Dsus^4
Hold me like you'll never let me go._____

|D |G |Cadd^9 |G
    'Cause I'm leaving on a jet plane,_____

               |Cadd^9 |G
Don't know when I'll be back again,_____

     |Cadd^9 |D |D^7
Oh, babe, I hate to go._____

Coda

     |G |Cadd^9 |G
I'm leaving on a jet plane,____

             |Cadd^9 |G
Don't know when I'll be back again,_____

   |Cadd^9 | |D Dsus^4 |D |D^7
Oh, babe,_____   I hate to go._____ / / / / / / / /

 D^7 D*   G
| / / / / | / / / / | / / ‖

Life On Mars

Words and Music by
DAVID BOWIE

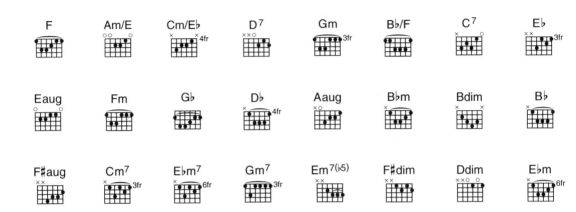

♩ = 57

Verse 1 $\frac{2}{4}$ | F | Am/E | Cm/E♭
         It's a god awful small affair
                   | D⁷
         To the girl with the mousy hair
         | Gm | B♭/F | C⁷
         But her mummy is yelling 'No'
                   | | F
         And her daddy has told her to go.
                   | Am/E | Cm/E♭
         But her friend is nowhere to be seen,
                   | D⁷
         Now she walks through her sunken dream
         | Gm | B♭/F | C⁷
         To the seat with the clearest view
                   |
         And she's hooked to the silver screen.

Prechorus | E♭ | Eaug | Fm
But the film is a saddening bore
| G♭
For she's lived it ten times or more.
| D♭ | Aaug | B♭m
She could spit in the eyes of fools_____
| Bdim
As they ask her to focus on:

Chorus | B♭ | E♭
Sailors fighting in the dance hall –
| Gm | F♯aug | F
Oh man! Look at those cavemen go.
| Fm | Cm⁷
It's the freakiest show.
| E♭m⁷ | B♭
Take a look at the Law-man
| E♭
Beating up the wrong guy.
| Gm | F♯aug | F
Oh man! Wonder if he'll ever know
| Fm | Cm⁷
He's in the best selling show?
| E♭m⁷ | Gm⁷ | F♯aug | B♭/F | Em⁷⁽♭⁵⁾ |
Is there life on Mars?_____

Link   F   F♯dim Gm   Ddim   Am   B♭   B♭m
| / / | / / | / / | / / | / / | / / | / / |

115

Verse 2

|F |Am/E |Cm/E♭

It's on Amerika's tortured brow

|D⁷

That Mickey Mouse has grown up a cow.

|Gm |B♭/F |C⁷

Now the workers have struck for fame

|

'Cause Lennon's on sale again.

|F |Am/E |Cm/E♭

See the mice in their million hordes

|D⁷ |Gm

From Ibiza to the Norfolk Broads.

|B♭/F |C⁷

'Rule Britannia' is out of bounds

|

To my mother, my dog, and clowns.

Prechorus 2 |E♭ |Eaug |Fm

But the film is a saddening bore

|G♭

'Cause I wrote it ten times or more.

|D♭ |Aaug |B♭m

It's about to be writ again

|Bdim

As I ask you to focus on:

Chorus 2 | B♭ | E♭

Sailors fighting in the dance hall –

| Gm | F♯aug | F

Oh man! Look at those cavemen go.

| Fm | Cm⁷

It's the freakiest show.

| E♭m⁷ | B♭

Take a look at the Law-man

| E♭

Beating up the wrong guy.

| Gm | F♯aug | F

Oh man! Wonder if he'll ever know

| Fm | Cm⁷

He's in the best selling show?

| E♭m⁷ | Gm⁷ | F♯aug | B♭/F | Em⁷⁽♭⁵⁾ |

Is there life on Mars?_____

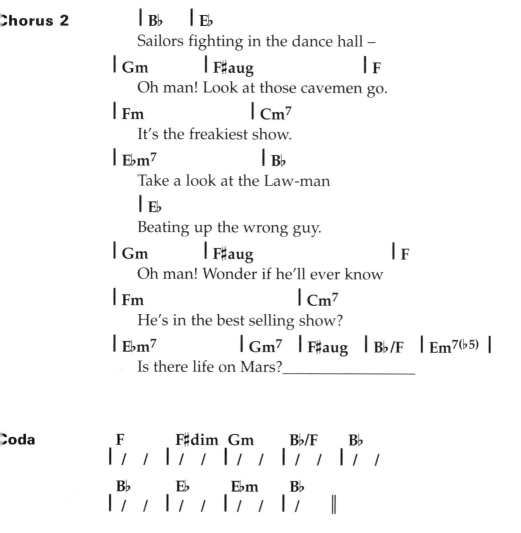

Coda

    F   F♯dim Gm   B♭/F   B♭

| / / | / / | / / | / / | / / |

    B♭   E♭   E♭m   B♭

| / / | / / | / / | / ‖

London Calling

**Words and Music by
JOE STRUMMER, MICK JONES,
PAUL SIMONON AND TOPPER HEADON**

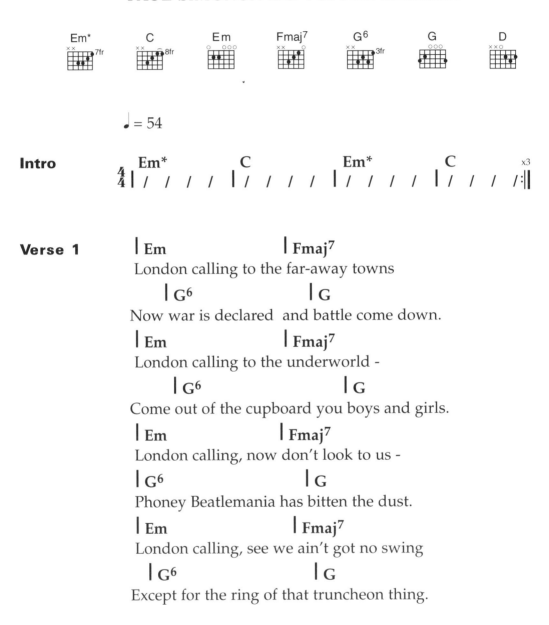

♩ = 54

Intro

| Em* | C | Em* | C | x3 |

4/4 | / / / / | / / / / | / / / / | / / / :||

Verse 1

| Em | Fmaj⁷
London calling to the far-away towns
  | G⁶ | G
Now war is declared and battle come down.
| Em | Fmaj⁷
London calling to the underworld -
  | G⁶ | G
Come out of the cupboard you boys and girls.
| Em | Fmaj⁷
London calling, now don't look to us -
| G⁶ | G
Phoney Beatlemania has bitten the dust.
| Em | Fmaj⁷
London calling, see we ain't got no swing
  | G⁶ | G
Except for the ring of that truncheon thing.

```
| Em                          | G                D
```
The ice age is coming, the sun's zooming in,
```
| Em                          | G                      D
```
Melt-down expected, the wheat is growing thin;
```
| Em                          | G          D
```
Engines stop running, but I have no fear
```
            | Em                    | D   |
```
'Cause London is drowning and I   live by the river.___

erse 2
```
| Em                   | Fmaj7
```
London calling to the imitation zone -
```
| G6                           | G
```
   Forget it, brother, you can go it alone.
```
| Em                   | Fmaj7
```
London calling to the zombies of death –
```
| G6                    | G
```
Quit holding out and draw another breath.
```
| Em                   | Fmaj7
```
London calling and I don't wanna shout
```
   | G6                    | G
```
But while we were talking I saw you nodding out.
```
| Em                   | Fmaj7
```
London calling, see we ain't got no highs
```
   | G6                        | G
```
Except for that one with the yellowy eyes.

horus 2
```
   | Em                       | G                D
```
The ice age is coming, the sun's zooming in,
```
| Em                          | G                          D
```
Engines stop running, the wheat is growing thin;
```
| Em                   | G          D
```
A nuclear error, but I have no fear
```
            | Em                    | D   |
```
'Cause London is drowning and I,   I live by the river.

Guitar solo Em   Fmaj⁷   G⁶   G   x4

‖: / / / / | / / / / | / / / / | / / / / :‖

Chorus 3 | Em | G   D
The ice age is coming, the sun's zooming in,
| Em | G   D
Engines stop running, the wheat is growing thin;
| Em | G   D
A nuclear error, but I have no fear
         | Em | D |
'Cause London is drowning and I,   I live by the river.

Link   Em*   C   Em*   C

‖: / / / / | / / / / :‖ / / / / | / / / /

Verse 3 | Em* | C | Em* | C
            Now get this – London calling, yes, I was there too,
         | Em* | C
And you know what they said? Well, some of it was true!
| Em* | C
London calling at the top of the dial -
      | Em* | C
And after all this, won't you give me a smile?

Coda | Em* | C | Em* | C
London calling. / / / /   / / / /   / / / /
      | Em*   ‖
I never felt so much alike.

Long Time Gone

Words and Music by
DAVID CROSBY

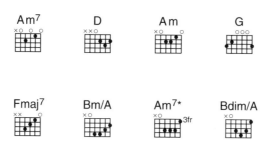

♩ = 104

Intro

$^4_4$ | Am⁷ / / / / | D / / / / | Am⁷ D / / / | Am⁷ / / / |

Verse 1

| Am⁷ | D | Am⁷ | D

It's been a long _____ time coming,

| Am⁷ | D | Am⁷

It's going to be a long   time gone._____

Chorus

| D | Am   G | Fmaj⁷ | Am   G | Fmaj⁷

And it appears to be a long,   appears to be a long,

| Am   G | D |

Appears to be a long   time,

| | | Am⁷ | D

It's a long, long, long, long time   before the dawn.

Link

Am⁷   D
| / / / / | / / / / |

Verse 2

| Am⁷ | D | Am⁷ | D

Turn,   turn any corner,

| Am⁷ | D | Am⁷ | D

Hear,_____   you must hear what the   people say.

| Am | Bm/A | Am⁷* | Bm/A

You know there's something   that's going on around here.

    | Am⁷ | Bdim/A

It   surely,   surely,   surely

Bm/A | Am⁷* | Bm/A

Won't stand the light of the day,   no.

Chorus 2

        | Am   G | Fmaj⁷ | Am   G | Fmaj

And it appears to be a long, (yes it does) appears to be a long,

    | Am   G | D |

Appears to be a long   time,

      | | | Am⁷ | D

Such a long,   long   time   before the dawn.

Link 2

Am⁷   D

| /   /   /   / | /   /   /   /

Verse 3

| Am⁷ | D | Am⁷ | D

Speak out – you've got to speak out against the madness.

       | Am⁷ | D | Am⁷ | D

You got to speak your mind   if you dare.

| Am | Bm/A | Am⁷* | Bm/A

   But don't, no, don't, don't try to get yourself elected.

| Am | Bm/A | Am⁷* | Bm/A

If you do you had   better cut your hair.

Chorus 3

｜Am   G ｜Fmaj⁷   ｜Am   G ｜Fmaj⁷

And it appears to be a long, (yes it does) appears to be a long,

｜Am   G ｜D   ｜

Appears to be a long   time,

｜   ｜   ｜Am⁷ ｜D

Such a long, long, long, long time   before the dawn.

Link

Am⁷   D

｜ / / / / ｜ / / /

Bridge

｜Am⁷   ｜D   ｜Am⁷   ｜D

It's been a long (long)   time (time)   coming (coming)

｜Am⁷   ｜D   ｜Am⁷   ｜D

It's going to be   a long (long) time (time) gone (gone).

｜Am⁷ ｜D   ｜Am⁷   ｜D

But you know   the darkest hour

｜Am⁷ ｜D   ｜Am⁷   ｜D

Is always,_____ always just   before the dawn____

Chorus 4

｜Am   G ｜Fmaj⁷ ｜Am   G ｜Fmaj⁷

And it appears to be a long,   appears to be a long,

｜Am   G ｜D   ｜

Appears to be a long   time,

｜   ｜   ｜Am⁷ ｜D

Such a long, long, long, long time   before the dawn.

Coda

D   Am

｜ / / / / ｜ / / / / ‖

Long Train Runnin'

Words and Music by
TOM JOHNSTON

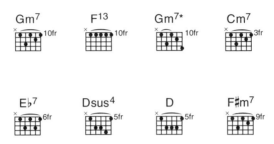

♩ = 115

Intro

$\frac{4}{4}$ | Gm⁷ / / / / | F¹³ / Gm⁷ / / | F¹³ ×3 Gm⁷ / / / | F¹³ / Gm⁷* / / |

Intro

Gm⁷ F¹³ Gm⁷ F¹³ ×3 Gm⁷ F¹³ Gm⁷*

Verse 1

| Gm⁷   F¹³
Down around the corner

| Gm⁷   F¹³
A half a mile from here

| Gm⁷
See them long trains run

F¹³ | Gm⁷
And you watch them disappear.

Chorus

F¹³ | Cm⁷
Without love

| | Gm⁷   F¹³
Where would you be now?

| Gm⁷ F¹³ | E♭⁷ | Dsus⁴ D | Gm⁷   F¹³
Without love. _____

Verse 2

|Gm⁷ F¹³ |Gm⁷   F¹³
       You know I saw Miss Lucy
|Gm⁷   F¹³
Down along the tracks.
  |Gm⁷
She lost her home and her family
F¹³ |Gm⁷
And she won't be coming back.

Chorus 2

F¹³ |Cm⁷
Without love
| |Gm⁷   F¹³
    Where would you be now?
|Gm⁷ F¹³ |E♭⁷ |Dsus⁴ D |Gm⁷   F¹³
    Without love. _____

Verse 3

|Gm⁷ F¹³ |Gm⁷ N.C.
     Well the Illinois Central
F♯m⁷ |Gm⁷ N.C.
And the Southern Central Freight
F♯m⁷ |Gm⁷ N.C.
Gotta   keep   on pushing, mama,
Gm⁷ |
'Cause you know they're runnin' late

Chorus 3

    |Cm⁷
Without love
| |Gm⁷   F¹³
   Where would you be now – now, now, now?
|Gm⁷ F¹³ |E♭⁷ |Dsus⁴ D |Gm⁷ F¹³ |Gm⁷ F¹³ |
    Without love. _____   / / / /

Harmonica solo

Gm⁷*
| / / / / / | / / / / / | / / / / / | / / / /

Cm⁷   Gm⁷*   F¹³ Gm⁷   F¹³
| / / / / / | / / / / / | / / / / / | / / / /

Eb⁷   Dsus⁴ D   Gm⁷   F¹³
| / / / / / | / / / / / | / / / /

Verse 4

| Gm⁷ F¹³ | Gm⁷ N.C.
     Well the Illinois Central

F#m⁷ | Gm⁷ N.C.
And the Southern Central Freight

F#m⁷ | Gm⁷ N.C.
Gotta   keep   on pushing, mama,

Gm⁷ |
'Cause you know they're runnin' late

Chorus 4

F¹³ | Cm⁷
Without love

| | Gm⁷   F¹³
   Where would you be now?

| Gm⁷ F¹³ | Eb⁷ | Dsus⁴ D | Gm⁷   F¹³
    Without love. _____

Verse 5

| Gm⁷ F¹³ | Gm⁷
    Well, pistons keep on churning

F#m⁷ | Gm⁷
And the wheels go 'round and 'round,

F#m⁷ | Gm⁷
And the steel rails are cold and hard

F#m⁷ | Gm⁷   Gm⁷*
In the miles that they go down.

Chorus 5
| Cm⁷

Without love

| | Gm⁷   F¹³

Where would you be right now?

| Gm⁷   F¹³ | E♭⁷ | Dsus⁴   D | Cm⁷

Without love, _____ ooh.

(freely) |

Where would you be now?

Coda
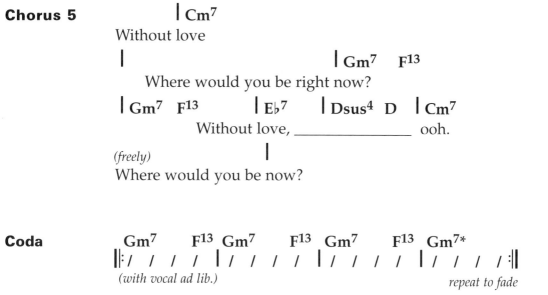

Gm⁷   F¹³ Gm⁷   F¹³ Gm⁷   F¹³ Gm⁷*

‖: / / / / | / / / / | / / / / | / / / / :‖

(with vocal ad lib.)   *repeat to fade*

The Look Of Love

Words by HAL DAVID
Music by BURT BACHARACH

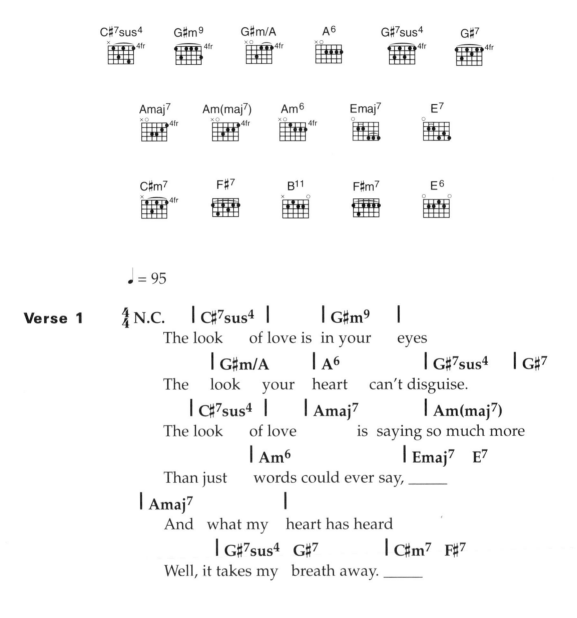

♩ = 95

Verse 1 $\frac{4}{4}$ N.C. | C#7sus4 | | G#m9 |

The look   of love is in your   eyes

| G#m/A | A6 | G#7sus4 | G#7 |

The   look   your   heart   can't disguise.

| C#7sus4 | | Amaj7 | Am(maj7) |

The look   of love   is saying so much more

| Am6 | Emaj7   E7 |

Than just   words could ever say, _____

| Amaj7 |

And   what my   heart has heard

| G#7sus4   G#7 | C#m7   F#7 |

Well, it takes my   breath away. _____

Chorus

| Emaj⁷
I can hardly wait to hold you,
| B¹¹
Feel my arms around you.
| ²⁄₄|
How long I have waited,
⁴⁄₄| Emaj⁷
Waited just to love you.
| B¹¹ |
Now that I have found you.

Verse 2

        | C♯⁷sus⁴ | | G♯m⁹ |
You've got the look   of love − It's on your face,
    | G♯m/A | A⁶ | G♯⁷sus⁴ | G♯⁷
A look   that time can't   erase.
        | C♯⁷sus⁴ | | Amaj⁷ | Am(maj⁷)
Be mine   tonight,   let this be just the start
            | Am⁶ | Emaj⁷   E⁷
Of so many nights like this. _____
| Amaj⁷ |
        Let's   take a lover's vow
                | G♯⁷sus⁴ G♯⁷ | C♯m⁷ F♯⁷
And then   seal it   with a kiss. _____

Chorus 2

| Emaj⁷
I can hardly wait to hold you,
| B¹¹
Feel my arms around you.
| ²⁄₄|
How long I have waited,
⁴⁄₄| Emaj⁷
Waited just to love you.

| B^{11} | |
| Now that I have found you _____ | |

N.C.
Don't

Sax solo

| $C\sharp^7 sus^4$ | | | $G\sharp m^9$ | |
| ever go. / / / / | / / / / | / / / / | | |

| $G\sharp m/A$ | A^6 | | $G\sharp^7 sus^4$ | $G\sharp^7$ |
| / / / / | / / / / | / / / / | / / / / | |

| $C\sharp^7 sus^4$ | | | $Amaj^7$ | $Am(maj^7)$ |
| / / / / | / / / / | / / / / | / / / / | |

| Am^6 | $Emaj^7$ E^7 | $Amaj^7$ | |
| / / / / | / / / / | / / / / | / / / / |

| $G\sharp^7 sus^4$ $G\sharp^7$ | $C\sharp m^7$ $F\sharp^7$ | |
| / / / / | / / / / | |

Chorus 3

| $Emaj^7$
I can hardly wait to hold you,

| B^{11}
Feel my arms around you.

| $\frac{2}{4}$ |
How long I have waited,

$\frac{4}{4}$| $Emaj^7$
Waited just to love you.

| B^{11} |
Now that I have found you _____

N.C. | $C\sharp^7 sus^4$ | | $F\sharp^7$ | | $F\sharp m^7$
Don't ever go, don't ever go. / / / / / / / /

| B^{11} | E^6 ‖
I love you so.

130

Make Me Smile
(Come Up And See Me)

Words and Music by
STEVE HARLEY

G F C Dm Em Am G⁷

♩ = 136

Intro

4/4 | (G) / / / / | / / / / | / / / / | / |

Verse 1

| N.C.　　　　　　 | F　　 | C　　　　　 | G

You've done it all: you've broken every code ____

| F　　　　　　 | C　　　 | G⁷　　 |

And pulled the rebel to the floor.　　 / / / /

| G　　　　　　 | F　 | C　　　　　 | G

You've spoilt the game, no matter what you say, ____

| F　　 | C　　 | G　 |

For only metal, what a bore._____

| F　　 | C

Blue eyes,　　 blue eyes,

| F　　　　 | C　　 | G　 |

How can you tell so many lies?　 / / / /

Chorus

| Dm　　　　 | F　　　　 | C　 | G

Come up and see me, make me smile._____

| Dm　　　　 | F　　　 | C | G

I'll do what you want, running wild._____

```
| N.C.                    | F      | C                | G
      There's nothing left, all   gone and run away.
| F                | C           | G⁷       |
      Maybe you'll tarry for a while.      / / / /
| G          | F   | C                | G
      It's just a test, a game for us to play.
| F          | C          | G       |
      Win or lose, it's hard      to smile. _____
| F       | C
      Resist,      resist:
| F                   | C                   | G       |
      It's from yourself you'll have to      hide. ____ / / / /
```

Chorus 2
```
| Dm              | F              | C      | G
      Come up and see me, make me smile._____
| Dm              | F              | C    | G
      I'll do what you want, running wild._____
```

Guitar solo
```
      N.C.          F          Em          F
| / / / / | / / / / | / / / / | / / / /
      Am        Em                    G          G⁷
| / / / / | / / / / | / / / / | / / / / | / / / /
      Dm        F          C          G
||: / / / / | / / / / | / / / / | / / / / :||
```

Verse 3
```
| N.C.              | F          | C                | G
      There ain't no more:  you've taken everything
| F              | C   | G⁷          |
      From my belief in Mother Earth. __/ / / /
| G          | F   | C          | G
      Can you ignore my faith in everything?
| F                   | C                | G       |
      'Cause I know what faith is and what it's      worth. _____
```

```
 |F          |C
 Away, away,
 |F              |C           |G        |
 And don't say    maybe you'll   try ___ / / / /
```

Chorus 3
```
 |Dm               |F              |C     |G
 To come up and see me, to make me smile._____
 |Dm               |F              |C   |G  |N.C.
 I'll do what you want, just running wild._____
```

Link
```
     F          C          F          C
 |/ / / / / |/ / / / |/ / / / |/ / / /
     G
 |/ / / / / |/ / / /
```

Chorus 4
```
 |Dm             |F            |C    |G
 Come up and see me, make me smile._____
 |Dm             |F          |C   |G  |N.C.
 I'll do what you want, running wild._____
```

Link 2
```
     F          C          F          C
 |/ / / / / |/ / / / |/ / / / |/ / / /
     G
 |/ / / / / |/ / / /
```

to fade

Chorus 5
```
 |Dm             |F            |C    |G
 Come up and see me, make me smile._____
 |Dm             |F          |C   |G
 I'll do what you want, running wild._____
```

Lust For Life

Words and Music by
DAVID BOWIE AND JAMES OSTERBERG

A   G   D   E⁷   G⁷   E

♩ = 100 (double time feel)

Intro

N.C.   (A)   A   G D x4
4/4 |drums 2-bars ‖: / / / / | / / / / :‖: / / / / :‖

E⁷   x4 A   G D x4 E⁷   x4
‖: / / / / :‖: / / / / :‖: / / / / :‖

G⁷   D
| / / / / | / / / / | / / / / | / / / /

E   A   G D A   G D
| / / / / | / / / / | / / / / | / / / /

Verse 1

|A   G D |A
Here comes   Johnny   Yen   again

G D |E⁷ |
    With the liquor and drugs   and the flesh machine.

| |
He's gonna do another strip-tease.

|A   G D |A   G D
Hey man, where'd you   get that   lotion?

|A   G   D |A
I've been hurting since I've   bought the gimmick

      |E⁷ |
About something called love, yeah, something called love.

      | |
Well, that's like hypnotizing chickens.

Chorus

|G⁷ |

    Well, I'm just a modern guy.

|D |

    Of course, I've had it in the ear before.

       |E |

I have a lust for life,

         |(A) |N.C. *drums*

'Cause of a lust for life.   / / / /

Link

   (A)

|/ / / / / |/ / / / /

Verse 2

| |

I'm worth a million in prizes

    |(E⁷) |

With my torture film,   drive a GTO,

     | |

Wear a uniform   all on a government loan.

|A   G D |A

I'm worth a million   in prizes

G D |A   G D |A

  Yeah, I'm through with sleeping   on the sidewalk

   G D |E⁷ |

No more beating my brains, no more beating my brains

     | |

With liquor and drugs,   with liquor and drugs.

Chorus 2

|G⁷ |

Well, I'm just a modern guy

|D |

Of course, I've had it in my ear before.

|E |

Well, I've a lust for life (lust for life),

|A |

'Cause of a lust for life (oooh),

| | |

I got a lust for life (oooh),

|E⁷ | | |

Got a lust for life (oooh), oh, a lust for life (oooh),

|A G D |A | G D |A

Oh, a lust for life (oooh), a lust for life (oooh),

|E | | |

I got a lust for life (oooh), got a lust for life. / / / /

Chorus 3

|G⁷ |

Well, I'm just a modern guy.

|D |

Of course, I've had it in the ear before.

|E |

I have a lust for life,

|A G D |A

'Cause of a lust for life.

Verse 3

G D | A   G D | A

Well, here comes Johnny   Yen again

    | E⁷ |

With the liquor and drugs and the flesh machine.

| |

I know he's gonna do another strip-tease.

| A   G D | A

Hey man, where'd you get that   lotion?

G D | A   G   D | A

Your skin starts itching once you   buy the gimmick

   | E⁷ |

About something called love – oh love, love, love.

       | |

Well, that's like hypnotizing chickens.

Chorus 4

| G⁷ |

Well,   I'm just a modern guy.

| D |

Of course, I've had it in the ear before.

     | E |

And I've a lust for life   (lust for life)

     | A   G D | A

'Cause I've a lust for life   (lust for life)

G D | A   G D | A

Got a lust for life,   yeah, a lust for life.

   | E |

I got a lust for life, oh a lust for life.

    | |

Got a lust for life, yeah, a lust for life.

    | A   G D | A   G D

I got a lust for life,   a lust for life,

| A   G D | A

Lust for life,   lust for life,

| E

Lust for life. *(fade)*

Maggie May

Words and Music by
STEWART AND MARTIN QUITTENTON

D   Em7   G   A

Em   F#m7   Asus4   A7sus4

♩ = 128

(half time feel)

Intro

$\frac{4}{4}$

| D | Em7 | G | D   G |
| / / / / | / / / / | / / / / | / / / / |

| D | Em7 | G | D   G |
| / / / / | / / / / | / / / / | / / / / |

(a tempo)

Verse 1

   |A |G |D

Wake up Maggie, I think I've got something to say to you:

| |A |G |D

It's late September and I really should be back at school.

| |G |D

I know I keep you amused

|G |A

But I feel I'm being used.

  |Em |F#m7 |Em

Oh Maggie, I couldn't have   tried any more.

|Asus4 |Em |A

You led me away from home

  |Em |A

Just to save you from being alone.

  |Em |A |D

You stole my heart and that's what really hurts.

Verse 2

| | |A | |G

The morning sun when it's in your face

|D

Really shows your age.

| | |A | |G

But that don't worry me none –

|D

In my eyes you're everything.

| | |G | |D

I laughed at all of your jokes,

|G | |A

My love you didn't need to coax.

|Em | |F♯m⁷ |Em

Oh Maggie, I couldn't have tried any more.

|Asus⁴ |Em | |A

You led me away from home

|Em | |A

Just to save you from being alone.

|Em | |A | |D

You stole my soul and that's a pain I can do without.

Verse 3

| | |A | |G | |D

All I needed was a friend to lend a guiding hand

| | |A

But you turned into a lover and,

|G | |D

Mother, what a lover, you wore me out.

| | |G | |D

All you did was wreck my bed

|G | |A

And in the morning kick me in the head.

| Em | F♯m^7 | Em
Oh Maggie, I couldn't have tried any more.
| Asus^4 | Em | A
     You led me away from home
            | Em | A
'Cause you didn't want to be alone.
       | Em | A   G |D |
You stole my heart, I couldn't leave you if I tried.   / / / /

Instrumental

Em^7 A   D   G
| / / / / | / / / / | / / / / | / / / /
Em^7 D   G   A^{7}sus^4 D
| / / / / | / / / / | / / / / | / / / /

Verse 4

| A | G | D
I suppose I could collect my books and get on back to school,
| | A | G
   Or steal my Daddy's cue
             | D
And make a living out of playing pool,
| | G | D
   Or find myself a rock and roll band
| G | A
That needs a helping hand.
| Em | F♯m^7 | Em
Oh Maggie,   I wished I'd never seen your face.
| Asus^4 | Em | A
   You made a first class fool out of me
        | Em | A
But I'm as blind as a fool can be.
     | Em | A   G |D |
You stole my heart but I love you anyway.   / / / /

Instrumental

Em⁷ | A | D | G
| / / / / / | / / / / / | / / / / / | / / / / / |

Em⁷ | A | D
| / / / / / | / / / / / | / / / / / | / / / / / |

Em⁷ | A | D | G
| / / / / / | / / / / / | / / / / / | / / / / / |

Em⁷ | G
| / / / / / | / / / / / |

(half time feel)

D | Em⁷ | G | D | x5
‖: / / / / / | / / / / / | / / / / / | / / / / / :‖

Coda

(a tempo)

| D | Em⁷ | G | D
Maggie, I wish I'd never seen your face.

D | Em⁷ | G
| / / / / / | / / / / / | / / / / / |

| D | | Em⁷ | G | D
I'll get on back home, one of these days.

| D | Em⁷ | G | D
Ooh._____ / / / / / / / /

D | Em⁷ | G | D *(fade)* ‖
| / / / / / | / / / / / | / / / / / | / / / / / |

141

Miss You

Words and Music by
MICK JAGGER AND **KEITH RICHARDS**

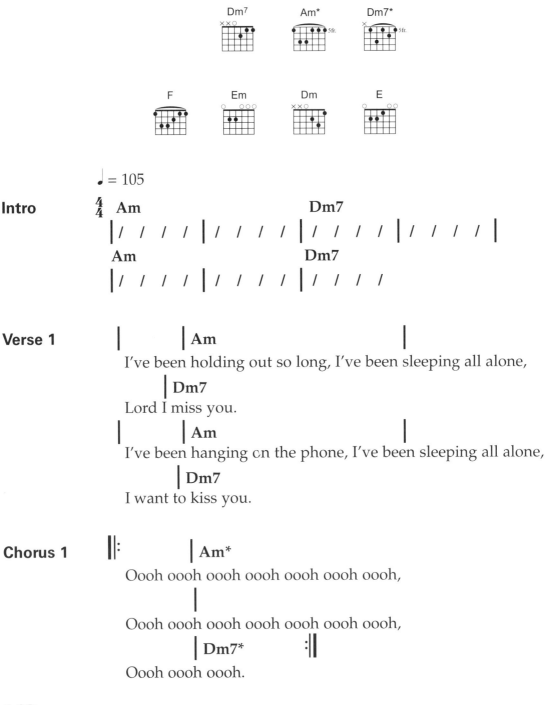

♩ = 105

Intro 4/4 Am   Dm7
| / / / / | / / / / | / / / / | / / / / |
Am   Dm7
| / / / / | / / / / | / / / / |

Verse 1
| | Am |
I've been holding out so long, I've been sleeping all alone,
          | Dm7
Lord I miss you.
| | Am |
I've been hanging on the phone, I've been sleeping all alone,
          | Dm7
I want to kiss you.

Chorus 1 ‖: | | Am*
Oooh oooh oooh oooh oooh oooh oooh,
          |
Oooh oooh oooh oooh oooh oooh oooh,
          | Dm7*   :‖
Oooh oooh oooh.

Verse 2

| | Am
Well, I've been haunted in my sleep, you've been

|
starring in my dreams,
| Dm7
Lord I miss you child. | | Am

|
I've been waiting in the hall, been waiting on your call
| Dm7
When the phone rings.

|
It's just a friend of mine that say,
| Am
"Hey, what's the matter man?

|
We're gonna come round at twelve
| Dm7 |
With some Puerto Rican girls that are just dying to meet you.
| Am
We're gonna bring a case of wine

|
Hey, let's go mess and fool around,
| Dm7
You know, like we used to."

Chorus 2   ‖: | Am*
Aaah aaah aaah aaah aaah aaah aaah,

|
Aaah aaah aaah aaah aaah aaah aaah,
| Dm7*   :‖
Aaah aaah aaah-aaah.   / / / /

Bridge |F |Em |Dm |
            Oh, baby why you wait so long?   / / / /
            |F |Em |Dm |
            Oh, baby why you wait so long?
                            |E
            Won't you come home, come home!
            | |Dsus2   A |Dsus2 A |E
            I said, can't you see that this old boy has been a-lonely?

Link |Am | |Dm7 |
              / / / /   / / / /   / / / /

Verse 3 | |Am |
            (*spoken*) I've been walking in Central Park, singing after dark,
                        |Dm7
            People think I'm crazy,
            | |Am |
            I've been stumbling on my feet, shuffling through the street,
            |Dm7 |
            Asking people, "What's the matter with you, boy?"
            |Am | |Dm7 |
            Sometimes I want to say to myself, sometimes I say:

Chorus 3 |Am*
            Oooh oooh oooh oooh oooh oooh,
                        |
            Oooh oooh oooh oooh oooh oooh oooh,
                        |Dm7*
            I wanna kiss you, child.
            | |Am7*
            I guess I'm lying to myself:
                        |
            It's just you and no-one else.

144

| Dm7*

Lord I wanna kiss you, child.

Chorus 4   ‖: | Am*

Ah ah ah ah ah ah ah,

|

Ah ah ah ah ah ah ah,

     | Dm7*   :‖ *repeat vocal ad lib to fade*

Ah ah ah ah.

Moondance

Words and Music by
VAN MORRISON

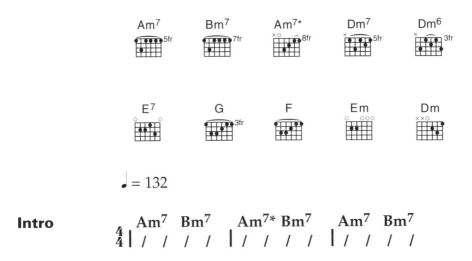

♩ = 132

Intro

$\frac{4}{4}$ | Am⁷ Bm⁷ | Am⁷* Bm⁷ | Am⁷ Bm⁷ |
| / / / / | / / / / | / / / / |

Verse 1

| Am⁷*   Bm⁷ | Am⁷   Bm⁷ | Am⁷*
Well, it's a marvellous night for a Moondance

Bm⁷ | Am⁷   Bm⁷ | Am⁷*
With the stars up above in your eyes,

Bm⁷ | Am⁷   Bm⁷ | Am⁷*
A fantabulous night to make romance

Bm⁷ | Am⁷   Bm⁷ | Am⁷*
'Neath the cover of October skies.

Bm⁷ | Am⁷   Bm⁷ | Am⁷*
And all the leaves on the trees are falling

Bm⁷ | Am⁷   Bm⁷ | Am⁷*
To the sound of the breezes that blow,

Bm⁷ | Am⁷   Bm⁷ | Am⁷*
And I'm trying to please to the calling

Bm⁷ | Am⁷   Bm⁷ | Am⁷*
Of your heart-strings that   play soft and low.

Bridge   Bm⁷ |Dm⁷ |Am⁷ |Dm⁷ |Am⁷

And all the night's magic seems to whisper and hush,

                  |Dm⁷ |Am⁷ |N.C.   Dm⁶

And all the soft   moonlight seems to shine

             |N.C.   E⁷

In your blush.

Chorus |Am⁷ Dm⁷ |Am⁷   Dm⁷

Can I just   have one a-more moondance

              |Am⁷ Dm⁷ |Am⁷   Dm⁷

With you,   my love?

              |Am⁷ Dm⁷ |Am⁷   Dm⁷

Can I just   make some more romance

                |Am⁷ Dm⁷ |Am⁷ E⁷

With a-you,   my love?

Verse 2 |Am⁷   Bm⁷ |Am⁷*

Well, I wanna make love to you tonight,

Bm⁷ |Am⁷   Bm⁷ |Am⁷*

I can't wait 'til the morning has come,

Bm⁷ |Am⁷   Bm⁷ |Am⁷*

And I know now the time is just right

Bm⁷ |Am⁷ Bm⁷ |Am⁷*

And straight into my arms you will run.

Bm⁷ |Am⁷ Bm⁷ |Am⁷*

And when you come my heart will be waiting

Bm⁷ |Am⁷   Bm⁷ |Am⁷*

To make sure that you're never alone,

Bm⁷ |Am⁷   Bm⁷ |Am⁷*

There and then all my dreams will come true, dear;

Bm⁷ |Am⁷   Bm⁷ |Am⁷*

There and then I will make you my own.

Bridge 2

       Bm^7 |Dm^7 |Am^7 |Dm^7 |Am^7

And every time   I touch you,   you just tremble inside,

         |Dm^7 |Am^7 |N.C. Dm^6

Then I know how   much you want me that

N.C. | E^7

You can't hide.

Chorus 2

     |Am^7 Dm^7 |Am^7 Dm^7

Can I just   have one a-more moondance

     |Am^7 Dm^7 |Am^7 Dm^7

With you,   my love?

     |Am^7 Dm^7 |Am^7 Dm^7

Can I just   make some more romance

      |Am^7 Dm^7 |Am^7 E^7

With a-you,   my love?

Piano solo

  Am^7 Bm^7 Am^{7*} Bm^7 x8

$\|:/ \ / \ / \ / \ | \ / \ / \ / \ / :\|$

Sax solo

  Dm^7 Am^7 Dm^7 Am^7

| / / / / | / / / / | / / / / | / / / /

  Dm^7 Am^7 N.C. Dm^6 N.C. E^7

| / / / / | / / / / | / / / / | / / / /

  Am7 Dm^7 Am^7 Dm^7 Am7 Dm^7 Am^7 Dm^7

| / / / / | / / / / | / / / / | / / / /

  Am7 Dm^7 Am^7 Dm^7 Am7 Dm^7 Am^7 E^7

| / / / / | / / / / | / / / / | / / / Well it's a

Verse 3
(with vocal ad lib.)

| Am⁷   Bm⁷ | Am⁷*
Marvellous night for a Moondance
Bm⁷ | Am⁷   Bm⁷ | Am⁷*
  With the stars up above in your eyes,
Bm⁷ | Am⁷   Bm⁷ | Am⁷*
  A fantabulous night to make romance
Bm⁷ | Am⁷   Bm⁷ | Am⁷*
'Neath the cover of October skies.
Bm⁷ | Am⁷   Bm⁷ | Am⁷*
  And all the leaves on the trees are falling
Bm⁷ | Am⁷   Bm⁷ | Am⁷*
To the sound of the breezes that blow,
Bm⁷ | Am⁷   Bm⁷ | Am⁷*
  And I'm trying to please to the calling
Bm⁷ | Am⁷   Bm⁷ | Am⁷*
  Of your heart-strings that play soft and low.

Bridge 3

Bm⁷ | Dm⁷ | Am⁷ | Dm⁷ | Am⁷
  And all the night's magic seems to whisper and hush,
   | Dm⁷ | Am⁷ | N.C.   Dm⁶
And all the soft moonlight seems to shine
   | N.C.   E⁷
In your blush.

Chorus 3

  | Am⁷   Dm⁷ | Am⁷   Dm⁷
Can I just have one a-more moondance
   | Am⁷   Dm⁷ | Am⁷   Dm⁷
With you, my love?
   | Am⁷   Dm⁷ | Am⁷   Dm⁷
Can I just make some more romance
   | Am⁷   Dm⁷ | Am⁷
With a-you, my love?

Coda

E⁷ | Am⁷   Bm⁷ | Am⁷*

One more moondance with you

Bm⁷ | Am⁷   Bm⁷ | Am⁷*   Bm⁷

In the moonlight

      | Am⁷   Bm⁷ | Am⁷*   Bm⁷

On a magic   night.

| Am⁷   Bm⁷ | Am⁷* Bm⁷ | Am⁷   Bm⁷ | Am⁷*   Bn

  La,   la, la,   la,   la   in the moonlight _____

      | Am⁷   Bm⁷ | Am⁷*   Bm⁷

On a magic   night.

      | Am⁷   G | F   Em | Dm   N.C. | Am⁷

Can't I just   have one more dance with you,   my love?

More Than A Feeling

Words and Music by
TOM SCHOLZ

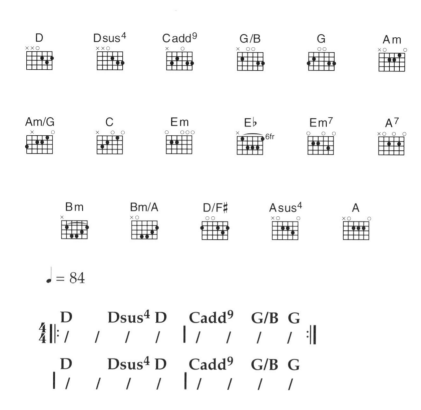

♩ = 84

Intro

$\frac{4}{4}$

D		Dsus⁴ D	Cadd⁹	G/B G

‖: / / / / | / / / / :‖

D		Dsus⁴ D	Cadd⁹	G/B G

| / / / / | / / / /

Verse 1

|D   Dsus⁴ D |Cadd⁹ G/B   G
I looked out this morn - ing and the sun was   gone,

|D   Dsus⁴ D |Cadd⁹ G/B   G
Turned on some mus - ic to start my day

|D   Dsus⁴ D |Cadd⁹   G/B G
And lost myself   in a familiar song:

|D   Dsus⁴ D |Cadd⁹ |G/B
I closed my eyes   and I slipped away._____

Link 1

```
        Am  Am/G  D
      | / / / / | / / / /
        G    C      Em    D      G    C      Em    D
      | / / / / | / / / / | / / / / | / / / /
```

Chorus

```
            | G            C  | Em          D
```
It's more than a feeling, (more than a feeling)
```
                 | G          C              | Em      D
```
When I hear that old song they used to play,
```
             | G    C        | Em                  D
```
And I begin dreaming (more than a feeling)
```
               | G    C         | E♭
```
'Til I see Marianne walk away.
```
       | Em7           | A7              | Bm   Bm/A  |
```
I see my Marianne walking away._____
```
        G    D/F♯    Asus⁴         A
      | / / / / | / / / / | / / / /
```

Guitar solo

```
        D    G     D/F♯    A    D    G     D/F♯      A
      | / / / / | / / / / | / / / / | / / / /
        D    G     Bm       A    D    Bm    Em⁷   A
      | / / / / | / / / / | / / / / | / / / /
        G                G    D/F#  Em   D
      | / / / / | / / /   /  | / / / /
```

Link 2

```
        D              Cadd⁹  G/B  G
      ||: / / / / | / /  /   /   / :||
```

152

Verse 2

$$|\text{D} \quad \text{Dsus}^4\ \text{D} \quad |\text{Cadd}^9 \quad \text{G/B} \quad \text{G}$$
When I'm tir - ed and thinking cold

$$|\text{D} \quad \text{Dsus}^4\ \text{D} \quad |\text{Cadd}^9\ \text{G/B} \quad \text{G}$$
I hide in my mu - sic, forget the day,

$$|\text{D} \quad \text{Dsus}^4\ \text{D} \quad |\text{Cadd}^9 \quad \text{G/B} \quad \text{G}$$
And dream of a girl   I used to know

$$|\text{D} \quad \text{Dsus}^4\ \text{D} \quad |\text{Cadd}^9 \quad \text{G/B} \quad \text{Cadd}^9 \ |$$
I closed my eyes and she slipped away._____

```
   D     Dsus4 D  Cadd9  G/B  G  D      Dsus4 D
 | /   /   /    /   / | /    /   /    / | /   /    /   /

 | Cadd9  G/B   G | D  Dsus4 D | Cadd9  G/B  Cadd9
```
She slipped a-way._____

```
   D     Dsus4 D  Cadd9              G/B
 | /   /   /    /   / | /    /   /   / | /   /    /   /
```

Link 3

```
   Am   Am/G  D
 | /  /  /  / | /  /  /  / | /  /  /  /

   G    C      Em   D      G    C      Em   D
 | /  /  /  / | /  /  /  / | /  /  /  / | /  /  /  /
```

Chorus 2

$$|\text{G} \qquad \text{C} \quad |\text{Em} \qquad \text{D}$$
It's more than a feeling, (more than a feeling)

$$|\text{G} \qquad \text{C} \qquad |\text{Em} \quad \text{D}$$
When I hear that old song they used to play,

$$|\text{G} \quad \text{C} \quad |\text{Em} \qquad \text{D}$$
And I begin dreaming (more than a feeling)

$$|\text{G} \quad \text{C} \quad |\text{Em} \quad \text{D}$$
'Til I see Marianne walk away._____

Coda

```
   G    C     Em   D
 |: /  /  /  / | /  /  /  / :|  to fade
```

Mustang Sally

**Words and Music by
BONNY RICE**

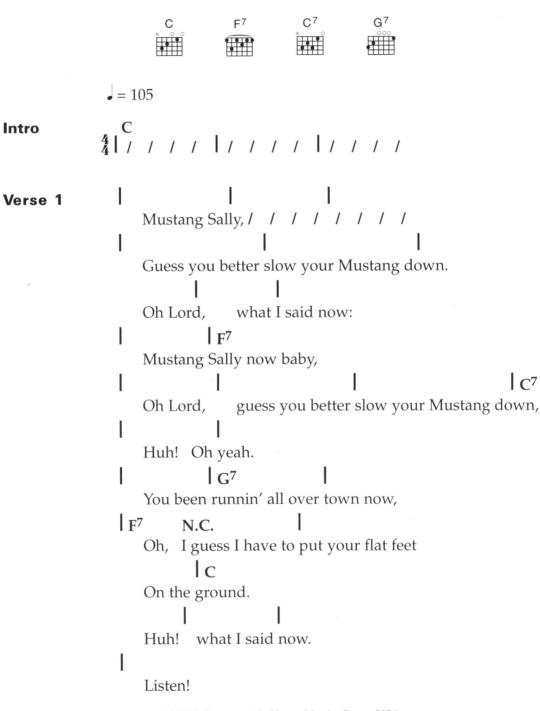

♩ = 105

Intro

⁴⁄₄ | C / / / / | / / / / | / / / / |

Verse 1

| | |
Mustang Sally, / / / / / / / /

| | |
Guess you better slow your Mustang down.

| |
Oh Lord,   what I said now:

| | F⁷
Mustang Sally now baby,

| | | C⁷
Oh Lord,   guess you better slow your Mustang down,

| |
Huh!   Oh yeah.

| | G⁷ |
You been runnin' all over town now,

| F⁷   N.C. |
Oh,   I guess I have to put your flat feet

| C
On the ground.

| |
Huh!   what I said now.

|
Listen!

| C |

All you wanna do is ride around, Sally

| |

(Ride, Sally, ride).

| |

All you wanna do is ride around, Sally

| |

(Ride, Sally, ride).

   | F⁷ |

All__   you wanna do is ride around, Sally

| |

(Ride, Sally, ride), huh.

| C⁷ |

All you wanna do is a-ride around, Sally,

      | |

O Lord (ride, Sally, ride), well listen to this:

| G⁷ |

One of these early mornings, hey.

| F⁷   N.C. | | C

     Wow!   gonna be wipin' your weepin' eyes, huh.

| |

     What I said now.

          |

Look-a-here:

Verse 3

|C |

I bought you a brand new Mustang

| |

A nineteen sixty-five, huh!

| |

Now you come around signifying a woman

| |

That don't wanna let me ride.

|F⁷ |

Mustang____ Sally now baby, oh Lord,

| | |C⁷

   Guess you better slow that Mustang___ down.

| | |

   Huh, oh   Lord! Look here:

|G⁷ |

You been runnin' all over town.

|F⁷ N.C. |C

   Oh!   I got to put your flat feet on the ground.

| |

Huh,   what I said now, hey,

| |

Let me say it one more time, y'all.

Coda

‖: C |

Now   all you wanna do is ride around, Sally

| | :‖ *repeat and fade*

(Ride, Sally, ride).

Oliver's Army

Words and Music by
DECLAN McMANUS

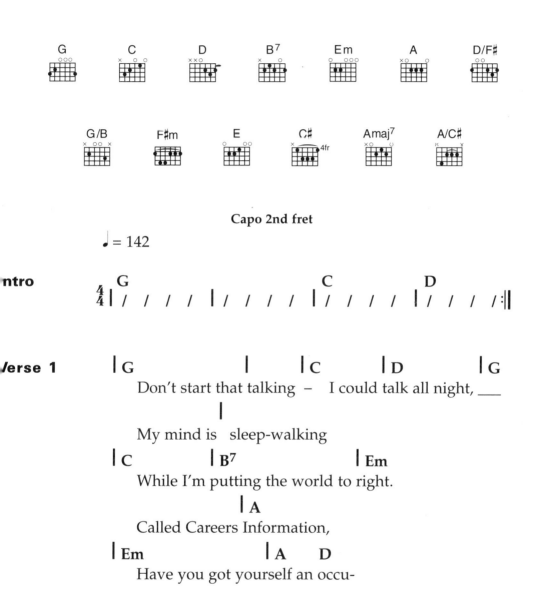

Capo 2nd fret

♩ = 142

Intro

| G / / / / | / / / / | C / / / / | D / / / / :|

Verse 1

| G | | C | D | G |

Don't start that talking – I could talk all night, ___

| |

My mind is sleep-walking

| C | B⁷ | Em |

While I'm putting the world to right.

| A |

Called Careers Information,

| Em | A D |

Have you got yourself an occu-

Chorus

{
|G |C   D
Oliver's army is here to stay,
-pation?

|G |C   D |G
Oliver's army are on their way, ____

        D/F♯ |Em   D |C G/B |D |G
And I would rather be anywhere else but   here today.

Link

G   C   D
| / / / / | / / / / | / / / /

Verse 2

|G | |C |D |G
   There was a checkpoint charlie: he didn't crack a smile. ___

                |
   But it's no laughing party

|C |B⁷ |Em
   When you've been on the murder mile.

                |A
   Only takes one itchy trigger:

|Em |A   D
One more widow, one less white nigger.

Chorus 2

|G |C   D
Oliver's army is here to stay,

|G |C   D |G
Oliver's army are on their way, ____

        D/F♯ |Em   D |C G/B |D |G
And I would rather be anywhere else but   here today.

Link

G   C   D
| / / / / | / / / / | / / / /

Bridge
|F♯m |E |D |C♯
Hong Kong is up for grabs,   London is full of Arabs.
|B⁷ |E |D |E
We could be in Palestine, over-run by the Chinese line
        |D
With the boys from the Mersey
      |E |
And the Thames and the Tyne. _____

Verse 3
|A | |D |E |A
But there's no danger,   it's a professional career;
        |
Though it could be arranged
      |D |C♯ |F♯m
With just a word in Mr Churchill's ear.
        |B⁷ |F♯m
If you're out of luck or out of work
        |B⁷ E |A |D E
We could send you to Johannesburg.

Chorus 3
|A |D E
Oliver's army is here to stay,
|A |D E |A
Oliver's army are on their way, ____
   Amaj⁷ |F♯m   E |D A/C♯ |E |
And I would rather be anywhere else but here to-
‖:A   Amaj⁷ |F♯m   E |D A/C♯ |E   :‖
-day. And I would rather be anywhere else but here to-

Coda
‖: |D |E |A :‖ *to fade*
Oh-oh-oh-oh oh, oh-oh-oh-oh-oh.

New Kid In Town

Words and Music by
JOHN SOUTHER, GLENN FREY AND DON HENLEY

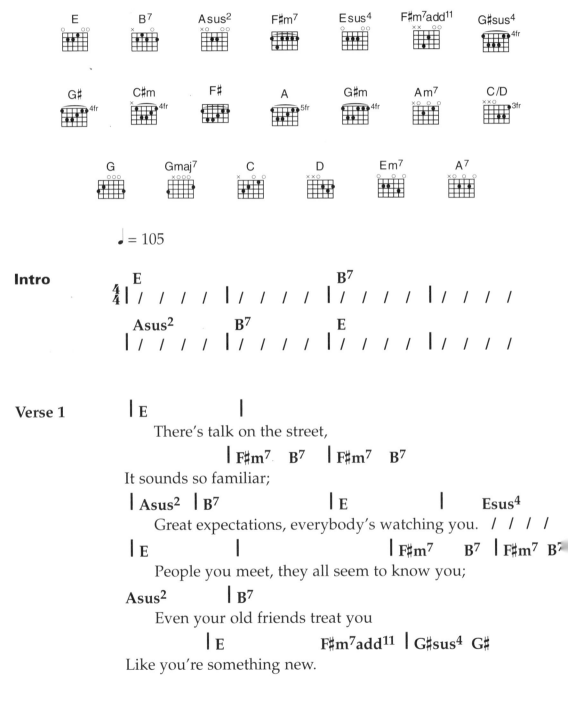

♩ = 105

Intro

E   B⁷
4/4 / / / / | / / / / | / / / / | / / / /

Asus²   B⁷   E
| / / / / | / / / / | / / / / | / / / /

Verse 1

| E |
There's talk on the street,

| F♯m⁷   B⁷ | F♯m⁷   B⁷
It sounds so familiar;

| Asus² | B⁷ | E | Esus⁴
Great expectations, everybody's watching you. / / / /

| E | | F♯m⁷   B⁷ | F♯m⁷ B⁷
People you meet, they all seem to know you;

Asus² | B⁷
Even your old friends treat you

| E   F♯m⁷add¹¹ | G♯sus⁴ G♯
Like you're something new.

Chorus

| C#m | F# | C#m | F# |

Johnny come lately,   the new kid in town.

| C#m | F# | F#m⁷ | B⁷ |

Everybody loves you   so don't let them down.

Verse 2

| E | N.C. | F#m⁷ B⁷ | F#m⁷ B⁷ |

You look in her eyes, the music begins to play;

| Asus² | B⁷ | E |

Hopeless romantics, here we go again.

| | | F#m⁷ B⁷ | F#m⁷ B⁷ |

But after a while   you're looking the other   way,

| Asus² | B⁷ |

It's those   restless hearts

| E   F#m⁷add¹¹ | G#sus4 G# |

That never mend.

Chorus 2

| C#m | F# | C#m | F# |

Johnny come lately,   the new kid in town,

| C#m | F# | F#m⁷ | B⁷ |

Will she still love you   when you're not around?____

Guitar solo

E   B⁷

| / / / / | / / / / | / / / / | / / / / |

Asus²   B⁷   E   A G#m F#m⁷ E

| / / / / | / / / / | / / / / | / / / / |

Bridge

| B⁷ | - | E | |

There's so many things you should have told her   / / / /

| B⁷ | C#m |

But night after night you're willing to hold her,

| F# | Am⁷ | C/D D |

Just hold her,   tears on your shoulder.

Verse 3

| G | Gmaj⁷

There's talk on the street,

           | Am⁷   D | C/D D

It's there to remind you

| C | D

That it doesn't really matter

           | G   Gmaj⁷ C | G Am⁷ D

Which side____ you're on.

| G |

You're walking away

           | Am⁷   D | C/D D

And they're talking behind you;

       | C

They will never forget you

| D | G | B⁷

'Til somebody new comes along.

Chorus 3

| Em⁷ | A⁷ | Em⁷ | A⁷

Where you been lately?   There's a new kid in town.

| Em⁷ | A⁷

Everybody loves him, don't they?

| Am⁷ | B⁷ | E | G♯m |

And he's holding her and you're still around._____

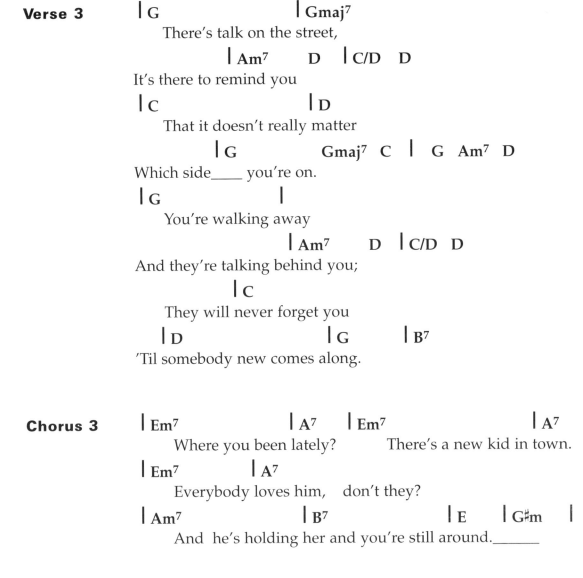

Coda

|Asus² |B⁷ |E |G♯m |Asus²

Oh, my,   my,   there's a new kid in town._____

|B⁷ |E |G♯m |Asus² |Am⁷

Just another new kid in town._____

|E | |C♯m |

Oo--ooh, everybody's talking 'bout the new kid in town.

|E | |C♯m |

Oo--ooh, everybody's walking like the new kid in town.

       |E |

There's a new kid in town, I don't want to hear it.

       |C♯m |

There's a new kid in town, I don't want to hear it.

       |E | |C♯m |

There's a new kid in town,   there's a new kid in town.

       |E |

There's a new kid in town,   everybody's talking.

       |C♯m |

There's a new kid in town,   people started walking.

      ‖:E |

There's a new kid in town,

       |C♯m | :‖

There's a new kid in town.   / / / There's a

(Repeat to fade)

163

Pale Blue Eyes

Words and Music by
LOU REED

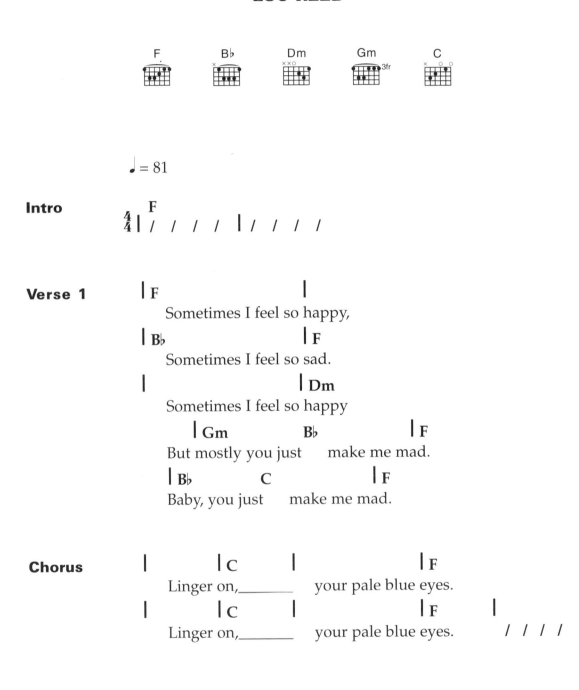

♩ = 81

Intro

$\frac{4}{4}$ | **F** / / / / | / / / / |

Verse 1

| **F** |
Sometimes I feel so happy,
| **B♭** | **F**
Sometimes I feel so sad.
| | **Dm**
Sometimes I feel so happy
| **Gm**   **B♭** | **F**
But mostly you just   make me mad.
| **B♭**   **C** | **F**
Baby, you just   make me mad.

Chorus

| | **C** | | **F**
Linger on,_____   your pale blue eyes.
| | **C** | | **F** |
Linger on,_____   your pale blue eyes.   / / / /

Verse 2　　　| F　　　　　　　　　　　|
　　　　　　　　Thought of you as my mountain-top,
　　　　　　　| B♭　　　　　　　　　　| F
　　　　　　　　Thought of you as my peak.
　　　　　　　|　　　　　　　　　　| Dm
　　　　　　　　Thought of you as everything
　　　　　　　| Gm　　　　B♭　　　　| F
　　　　　　　　I've had but　　couldn't keep,
　　　　　　　| B♭　　　　　　C　　　| F
　　　　　　　　I've had but　　couldn't keep.

Chorus 2　　　|　　　　| C　　　|　　　　　　　| F
　　　　　　　　Linger on,_____　　your pale blue eyes.
　　　　　　　|　　　　| C　　　|　　　　　　| F　　　|
　　　　　　　　Linger on,_____　　your pale blue eyes.　　/ / / /

Verse 3　　　| F　　　　　　　　　　　|
　　　　　　　　If I could make the world as pure
　　　　　　　| B♭　　　　　　　　　　　| F
　　　　　　　　And strange as what I see,
　　　　　　　|　　　　　　　| Dm
　　　　　　　　I'd put you in the mirror
　　　　　　　| Gm　　B♭　　| F
　　　　　　　　I put in front of me,
　　　　　　　| B♭　　　C　　　| F
　　　　　　　　I put in front of me.

Chorus 3　　　|　　　　| C　　　|　　　　　　　| F
　　　　　　　　Linger on,_____　　your pale blue eyes.
　　　　　　　|　　　　| C　　　|　　　　　　| F　　　|
　　　　　　　　Linger on,_____　　your pale blue eyes.　　/ / / /

Guitar solo

```
        F                           Bb            F
|  /  /  /  /  | /  /  /  /  | /  /  /  /  | /  /  /  /
                 Dm            Gm   Bb       F
|  /  /  /  /  | /  /  /  /  | /  /  /  /  | /  /  /  /
   Bb   C      F                           C
|  /  /  /  /  | /  /  /  /  | /  /  /  /  | /  /  /  /
               F                           C
|  /  /  /  /  | /  /  /  /  | /  /  /  /  | /  /  /  /
               F
|  /  /  /  /  | /  /  /  /  | /  /  /  /
```

Verse 4

| F |
   Skip a life completely,

| Bb | F
   Stuff it in a cup

| | Dm
   She said, 'Money is like us:

  | Gm   Bb | F
In time   it lies but   can't stand up.'

| Bb   C | F |
   Down for you is up.

Chorus 4

| | C | | F
   Linger on,_____   your pale blue eyes.

| | C | | F |
   Linger on,_____   your pale blue eyes.   / / / /

Verse 5 | F |
　　　　　It was good – what we did yesterday,
　　　| B♭ | F
　　　　　And I'd do it once again.
　　　| | Dm
　　　　　The fact that you are married
　　　　　| Gm   B♭ | F
　　　Only proves   you're my best friend.
　　　| B♭   C | F
　　　　　But it's truly,   truly a sin.

Chorus 5 | | C | | F
　　　　　Linger on,_____   your pale blue eyes.
　　　| | C | | F | ‖
　　　　　Linger on,_____   your pale blue eyes.

Perfect Day

Words and Music by
LOU REED

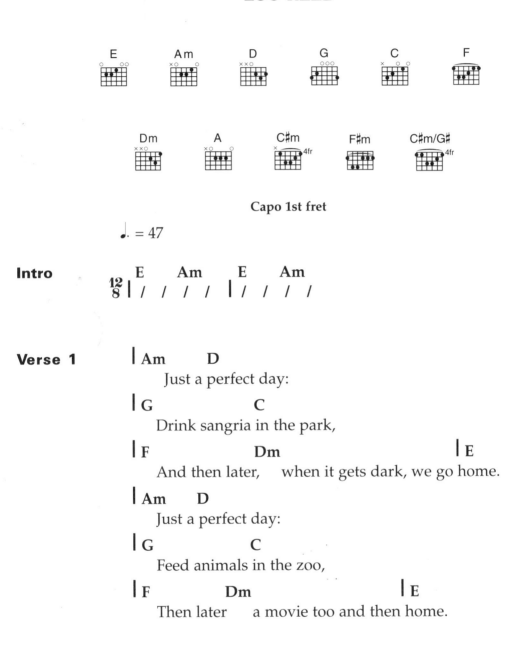

Capo 1st fret

♩. = 47

Intro

$\frac{12}{8}$ | E / Am / | E / Am / |

Verse 1

| Am   D
    Just a perfect day:

| G   C
    Drink sangria in the park,

| F   Dm | E
    And then later,   when it gets dark, we go home.

| Am   D
    Just a perfect day:

| G   C
    Feed animals in the zoo,

| F   Dm | E
    Then later   a movie too and then home.

Chorus

| A   D
Oh, it's such a perfect day.

| C♯m   D
I'm glad I spent it with you.

| A   E
Oh, such a perfect day

      | F♯m   E   D
You just keep me hanging on,

      | F♯m   E   D | 6/8
You just keep me hanging on.   /   /

Verse 2

| Am   D
Just a perfect day:

| G   C
Problems all left alone,

| F   Dm | E
Weekenders on our own – It's such fun.

| Am   D
Just a   perfect day:

| G   C
You make me forget myself

| F   Dm | E
I thought I was   someone else, someone good.

Chorus 2

| A   D
Oh, it's such a perfect day.

| C♯m   D
I'm glad I spent it with you.

| A   E
Oh, such a perfect day

      | F♯m   E   D
You just keep me hanging on,

      | F♯m   E   D
You just keep me hanging on.

Instrumental   F#m E D   F#m E D   F#m E D

| / / / / | / / / / | / / / /

Coda   ‖: C#m/G#   G | D   A :‖ x3

You're going to reap just what   you sow.

| C#m/G#   G | D   A

You're going to reap just what   you sow.

C#m/G# G   D   A

‖: / / / / | / / / / :‖

170

Silence Is Golden

Words and Music by
BOB CREWE AND **BOB GAUDIO**

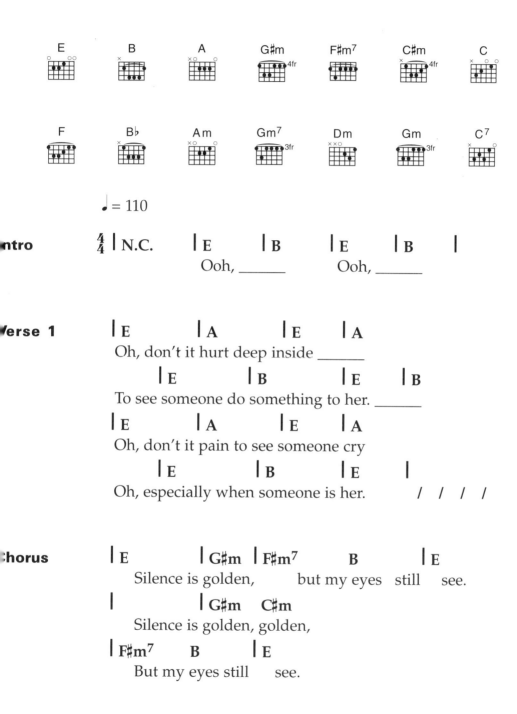

♩ = 110

Intro 4/4 | N.C. | E | B | E | B |
                Ooh, _____   Ooh, _____

Verse 1 | E | A | E | A
Oh, don't it hurt deep inside _____
              | E | B | E | B
To see someone do something to her. _____
| E | A | E | A
Oh, don't it pain to see someone cry
              | E | B | E |
Oh, especially when someone is her.   / / / /

Chorus | E | G♯m | F♯m⁷   B | E
Silence is golden,   but my eyes   still   see.
| | G♯m   C♯m
Silence is golden, golden,
| F♯m⁷   B | E
But my eyes still   see.

Verse 2

| E | A | E | A |

Talking is cheap, people follow like sheep

| E | B | E | B |

Even though there is nowhere to go. _____

| E | A | E | A |

How could she tell? He deceived her so well.

| E | B | E | |

Pity, she'll be the last one to know. / / / /

Chorus 2

| E | G#m | F#m⁷ B | E |

Silence is golden, but my eyes still see.

| | G#m C#m |

Silence is golden, golden,

| F#m⁷ B | E |

But my eyes still see.

Link

| E | B | E | C | |

Ooh, _____ Ooh, _____

Verse 3

| F | B♭ | F | B♭ |

How many times did she fall for his line?

| F | C | F | C |

Should I tell her or should I keep cool? _____

| F | B♭ | F | B♭ |

And if I tried, I know she'd say I lied,

| F | C | F | |

Mind your business, don't hurt her, you fool. / / / /

172

Chorus 3

| F | | Am | Gm⁷ | C | | F |

Silence is golden,   but my eyes   still   see.

| | | Am | Dm |

Silence is golden, golden

| Gm⁷ | C | | F |

But my eyes still see.

| Gm⁷ | C⁷ | | F |

But my eyes still see.

| Gm⁷ | C⁷ | | F | ‖

But my eyes still see.

Sloop John B

Traditional
Arranged by
BRIAN WILSON

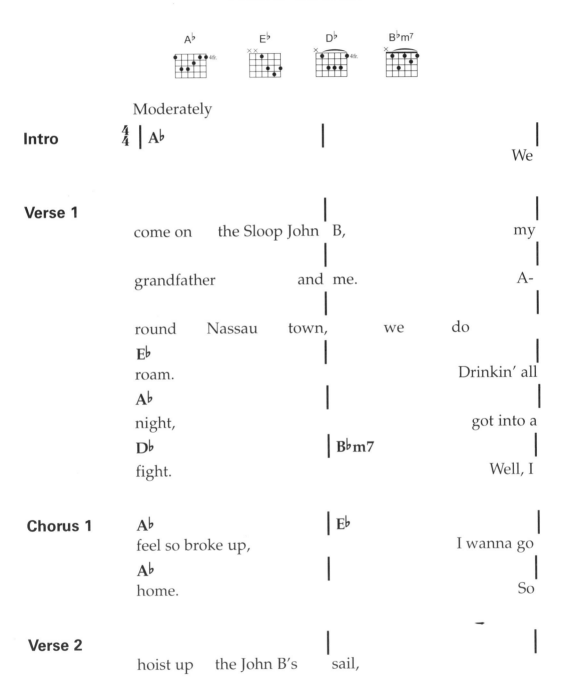

Moderately

Intro 4/4 | A♭ | |
                                                                    We

Verse 1 | |
          come on   the Sloop John B,   my
                                     | |
          grandfather   and me.   A-
                                     |
          round   Nassau   town,   we   do |
          E♭
          roam.   Drinkin' all |
          A♭
          night,   got into a |
          D♭ | B♭m7
          fight.   Well, I |

Chorus 1 A♭ | E♭ |
          feel so broke up,   I wanna go
          A♭
          home.   So |

Verse 2 | |
          hoist up   the John B's   sail,

| |

see how   the main sail   sets.

| |

Call for   the Captain a-shore,   let me go
E♭ | |
home.   Let me go
A♭ | |
home,   I wanna go
D♭ | **B♭m7** |
home,   yeah,   yeah.   Well I

Chorus 2   **A♭** | **E♭** |
feel so broke up,   I wanna go
A♭ | |
home.   The

Verse 3
| |

first mate,   he got   drunk.

| |

Broke in   the Captain's trunk.

| |

The constable   had to   come   and take him a-
E♭ | |
way.   Sherriff John
A♭ | |
Stone,   why don't you leave me a-
D♭ | **B♭m7** |
lone.   Well I

Chorus 3   **A♭** | **E♭** |
feel so broke up,   I wanna go
A♭ | |
home.   So

Verse 4

| | |

hoist up   the John B's   sail,
Hoist up   *the John B's*

see how   the main sail   sets.
sail.   *See how*   *the main sail*

Call for   the Captain a - shore,   let me go
sets.

E♭
home.   Let me go   home.   . I wanna go

N.C.
home.   Let me go   home. Why don't they let me go
                Hoist up   *the John B's*

D♭ | **B♭m7**
home?   Hoist up   the John B's
sail.
Hoist up   *the John B's*   *sail.*

Chorus 4   **A♭** | **E♭**
               sail.
               feel so broke up,   *I wanna go*

              A♭
               home.   The

Verse 5

poor cook, he caught the   fins   and

threw away   all my grits.   And

then he   took   and he ate   up   all   of my

E♭
corn.   Let me go

A♭
home.   Why don't they let me go

D♭		**B♭m7**	
home,			This is

Chorus 5

A♭		**E♭**	
	the worst trip		I've ever been

A♭			
on.			So

Verse 6

hoist up the John B's sail,			
		Hoist up	*the John B's*

see how the main sail sets.			
sail.		*See how*	*the main sail*

Call for the Captain ashore, let me go			
sets.			

E♭			
home.	*Let me go*	*home.*	I wanna go

A♭			‖
home.	*Let me go*	*home.*	

177

Smoke On The Water

Words and Music by
JON LORD, RITCHIE BLACKMORE, IAN GILLAN,
ROGER GLOVER AND IAN PAICE

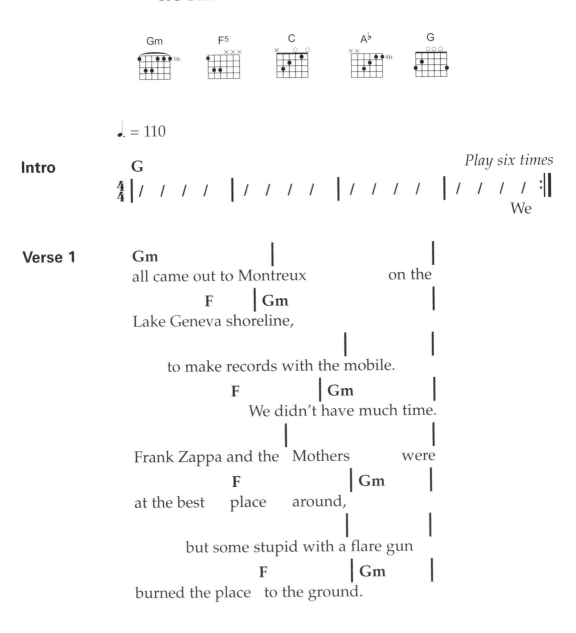

Chorus 1

| C | A♭ | Gm | |

Smoke on the water   and fire in the sky.

        | C | A♭ |

Smoke on the water.

Gm *(Same riff as intro)*

| / / / / | / / / / | / / / / | / / / / |

| / / / / | / / / / | / / / / | / / / / |

Verse 2

Gm | |

They burned down the gambling house,   it

            F | Gm |

died with an awful sound,

                              | |

and funky Claude was running in and out

            F | Gm |

pulling kids out the ground.

                      | |

When it was all over   we

        | F | Gm |

had to find another place,

                     | |

but Swiss time was   running out,   it

            F | Gm |

seemed that we would lose the race.

Chorus 2

| C | A♭ | Gm | |

Smoke on the water   and fire in the sky.

        | C | A♭ |

Smoke on the water.

Gm *(Same riff as intro)*

| / / / / | / / / / | / / / / | / / / / |

| / / / / | / / / / | / / / / | / / / / |

179

Interlude

```
Gm                        Cm
| / / / / | / / / / | / / / / | / / / / |
Gm                        Cm              Gm
| / / / / | / / / / | / / / / | / / / / |
                          Cm              Gm
| / / / / | / / / / | / / / / | / / / / |
                          Cm              Gm
| / / / / | / / / / | / / / / | / / / / |
Cm                        F
| / / / / | / / / / | / / / / | / / / / |
Gm
| / / / / | / / / / | / / / / | / / / / |

| / / / / | / / / / | / / / / | / / / / |
```

Verse 3

Gm

We ended up at the Grand Hotel,

     F | Gm

it was empty,   cold and bare,   but with the

rolling truck stones thing   just outside,

         F | Gm

yeah!   making our   music there.   With a

few red lights,   a few old beds,

       F | Gm

we made a place to sweat.

No matter what we   get out of this

       F | Gm

I know,   I know   we'll never forget.

C |A♭ |Gm |
          Smoke on the water   and fire in the sky.
                              |C |A♭ |
                              Smoke on the water.

Gm *(Same riff as intro)*

| / / / / | / / / / | / / / / | / / / / |

| / / / / | / / / / | / / / / | / / / / |

Coda   *(Same riff as intro)*

| / / / / | / / / / | / / / / | / / / / |

(Repeat Coda to fade)

Space Oddity

**Words and Music by
DAVID BOWIE**

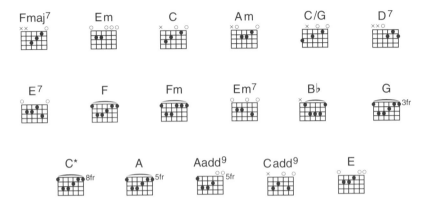

♩ = 67

Intro

Fmaj7   Em

4/4 ‖: / / / / | / / / / :‖

(fade in)

| C | Em
Ground Control to Major Tom,

| C | Em
Ground Control to Major Tom,

| Am   C/G | D7
Take your protein pills and put your helmet on.

| C | Em
Ground Control to Major Tom,

| C | Em
Commencing countdown, engines on.

| Am   C/G | D7
Check ignition and may God's love be with you.

nk

erse 1

| C | E^7

This is Ground Control to Major Tom,

            | F

You've really made the grade,

   | Fm   C | F

And the papers want to know whose shirts you wear.

   | Fm   C | F

Now it's time to leave the capsule if you dare.

erse 2

| C | E^7

'This is Major Tom to Ground Control,

            | F

I'm stepping through the door

   | Fm   C | F

And I'm floating in a most peculiar way

   | Fm   C | F

And the stars look very different today.'

idge

   | Fmaj^7 | Em^7

'For here am I sitting in a tin can

| Fmaj^7 | Em^7

Far above the world,

| B♭   Am

Planet Earth is blue

     | G | F

And there's nothing I can do.'

Instrumental Link

```
C*  F  G  A    C*  F  G  A    Fmaj⁷         Em⁷
| / / / / |  / / / /  ‖ / / / / | / / / /

Aadd⁹         Cadd⁹         D⁷            E
| / / / / | / / / / | / / / / | / / / /
```

Verse 3

```
| C                                          | E⁷
'Though I'm past one hundred thousand miles,
             | F
I'm feeling very still,
         | Fm            C              | F
And I think my spaceship knows which way to go.
         | Fm       C             | F
Tell my wife I love her very much.' – 'She knows.'
```

Verse 4

```
| G                      E⁷
'Ground control to Major Tom,
    | Am              C/G
Your circuit's dead, there's something wrong,
          | D⁷
Can you hear me, Major Tom?
          | C
Can you hear me, Major Tom?
          | G
Can you hear me, Major Tom? Can you...'
```

Bridge 2

| Fmaj⁷ | Em⁷

'Here am I floating 'round my tin can,

| Fmaj⁷ | Em⁷

Far above the Moon,

| B♭   Am

Planet Earth is blue

| G | F

And there's nothing I can do.'

Coda
Link

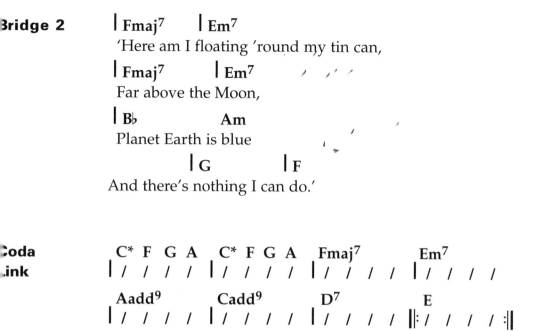

(to fade)

Start Me Up

Words and Music by
MICK JAGGER AND KEITH RICHARDS

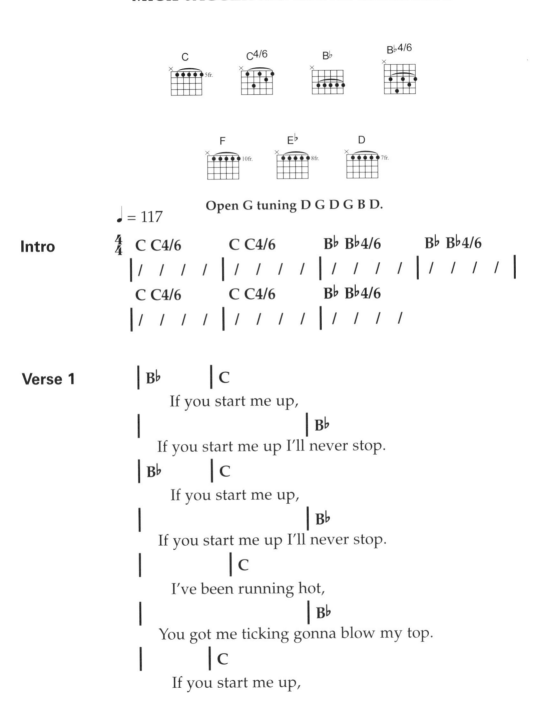

Open G tuning D G D G B D.

$\quad$ = 117

Intro

$\frac{4}{4}$ C C4/6 $\quad$ C C4/6 $\quad$ B♭ B♭4/6 $\quad$ B♭ B♭4/6

| / / / / | / / / / | / / / / | / / / / |

C C4/6 $\quad$ C C4/6 $\quad$ B♭ B♭4/6

| / / / / | / / / / | / / / / |

Verse 1

| B♭ $\quad$ | C
If you start me up,

| $\quad$ | B♭
If you start me up I'll never stop.

| B♭ $\quad$ | C
If you start me up,

| $\quad$ | B♭
If you start me up I'll never stop.

| $\quad$ | C
I've been running hot,

| $\quad$ | B♭
You got me ticking gonna blow my top.

| $\quad$ | C
If you start me up,

| | **B♭**
If you start me up I'll never stop, never stop,

|

never stop, never stop.

Chorus 1 ‖: C | F   E♭ D :‖ *Repeat x3*
    You make a grown man cry.
    C   C4/6 C| C4/6 C
    Spread out the oil, the gasoline,
| | E♭ D C Ē♭ D C |C |
    I walk smooth, ride in a mean, mean machine. / / / /
| **B♭**
    Start it up.

Verse 2 | |C
    If you start me up,
| | **B♭** |
    Kick on the starter give it all you got, you got, you got.
|C | | **B♭**
    I can't compete   with the riders in the other heats.
| |C
    If you rough it up,
| | **B♭**
    If you like it you can slide it up, slide it up,
|

Slide it up, slide it up.

Chorus 2 ‖: C | F   E♭ D :‖ *Repeat x3*
    Don't make a grown man cry.
| C C4/6 C | C4/6 C
    My eyes dilate,   my lips go green,
|

My hands are greasy -

| | Eb D C Eb D C | C |
She's a mean,   mean machine.   / / / /
| Bb |
Start it up.   / / / /

Coda | C

Start me up,

| | Bb
Give it all you got.

                   |
You got to never, never, never stop.
| C | | Bb |
Slide it up,   start me up.   Never, never, never

Chorus 3 ||: C | F   Eb D :|| *Repeat x3*
You make a grown man cry.
| C   C4/6   C | C4/6   C
Ride like the wind at double speed,
| Eb D C Eb D C | C
I'll take you places that you've never,   never   seen.
| | Bb |
/ / / / / / / / / / / /

Coda | C

Start it up,

| | Bb
Let me tell you we will never stop, never stop.

|
Never, never, never stop.
| C |
Start me up, / / / /

188

|Bb |
  Never stop, never stop, / / / /

|C | |Bb |
  Go, go, you make a grown man cry.

|C | |Bb |
  You, you, you make a dead man cum.

|C | |Bb | *fade*
  You, you, you make a dead man cum.   / / / /

Strange Kind Of Woman

Words and Music by
JON LORD, RITCHIE BLACKMORE, IAN GILLAN,
ROGER GLOVER AND IAN PAICE

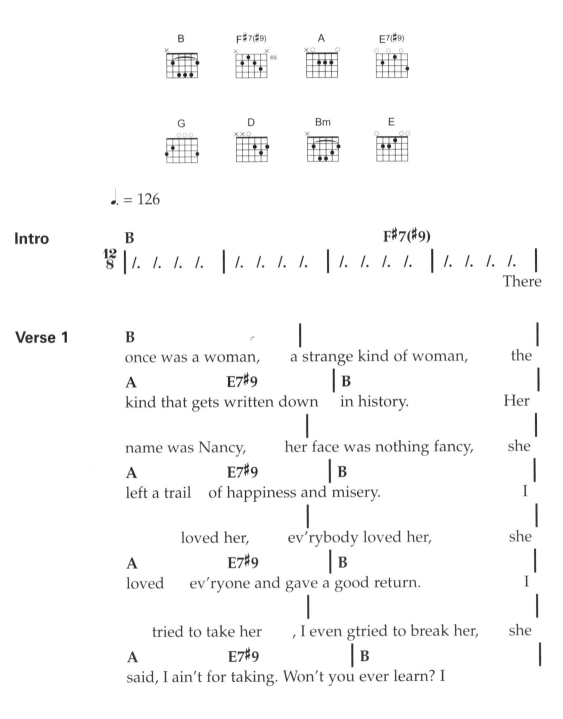

Chorus 1

                                   | |

want you, I need you,   I gotta   be near you,   I

A   **E7♯9** |**B** |

spent my   money   as I   took my turn.   I

                                 | **A** |

want you, I need you,   I gotta   be near you,   ooh

           E7♯9 |**B** |

got a strange kind of woman.

                                 |

                        She

Verse 2

                                 | |

looked like a raver,   but I never could please her,   on

A   **E7♯9** |**B** |

Wednesday   mornings boy, you can't go far.   I

                                 | |

       couldn't get her,   but   things got the better she said,

A   **E7♯9** |**B** |

Sat'day nights from now on baby you're my star.   I

Chorus 2

                                 | |

want you, I need you,   I gotta   be near you,   I

A   **E7♯9** |**B** |

spent my   money   as I   took my turn.   I

                                 | **A** |

want you, I need you,   I gotta   be near you,   ooh

           E7♯9 |**B** |

got a strange kind of woman.

Bridge $\bullet$. = 68

        $\frac{6}{8}$ **G** |**D** |**A** |**Bm** |

          Ooh,   ooh,

         G |**D** |**A** |**Bm** |

         ooh,   ooh.

                          $\bullet$. = 128

         A |$\frac{12}{8}$ **E** | |

         Ooh, my soul,   I love you.

Interlude

```
B                                  A        E7♯9  B
| /. /. /. /. | /. /. /. /. | /. /. /. /. | /. /. /. /. |
                                   A        E7♯9  B
| /. /. /. /. | /. /. /. /. | /. /. /. /. | /. /. /. /. |
                                   A        E7♯9  B
| /. /. /. /. | /. /. /. /. | /. /. /. /. | /. /. /. /. |
                                   A        E7♯9  B
| /. /. /. /. | /. /. /. /. | /. /. /. /. | /. /. /. /. |
                                                        I
```

Chorus 3

```
                              |                        |
want you, I need you,   I gotta     be near you,       I
A               E7♯9                | B                |
spent my        money     as I    took my turn.        I
                              |                   A |
want you, I need you,   I gotta     be near you,      ooh
    E7♯9                        | B                    |
got a strange kind of woman.
              F7♯9             | B                     |
                                                     She
```

Verse 3

```
                              |                        |
finally said she loved me,   I wed her in a hurry.
A               E7♯9           | B                    |
No more      callers and I   glowed with pride.      I'm
                              |                        |
        dreaming,       I feel like screaming,        I
A               E7♯9           | B                    |
won   my   woman just before she died.                I
```

Chorus 4

                                  |

want you, I need you,   I gotta   be near yo

A   E7♯9 |B

spent my   money   as I   took my turn.

                                  | A

want you, I need you,   I gotta   be near you,   ooh

        E7♯9 |B |

I had a   strange   kind   of   woman.

Coda

        B   A   E7♯9   B

|*/. /. /. /.* |*/. /. /. /.* |*/. /. /. /.* |*/. /. /. /.* |
(play these four bars five times)

|*/. /. /. /.* ‖

193

ords and Music by
...AFFERTY AND JOE EGAN

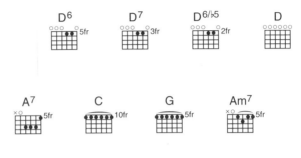

Chord diagrams: D6, D7, D6/♭5, D, G7, A7, C, G, Am7

Tune to open D: **D A D F♯ A D**

♩ = 122

Intro

$\frac{4}{4}$

| D* | | D9 D6 D7 | D6/♭5 D7 |
| / / / / | / / / / :‖ |

| D |
| / / / / | / / / / | / / / / |

Verse 1

| | | D | | |

Well, I don't know why I came here tonight,

| | | |

I got the feeling that something ain't right.

| G7 | |

I'm so scared in case I fall off my chair,

| D | |

And I'm wondering how I'll get down the stairs.

| A7 | C G |

Clowns to the left of me, jokers to the right,

| D | |

Here I am, stuck in the middle with you.

Verse 2

| D |
Yes I'm   stuck in the middle with you,
| |
And I'm wondering what it is I should do.
| G^7 |
It's so hard to keep this smile from my face,
| D |
Losing control, yeah, I'm all over the place.
| A^7 | C   G
Clowns to the left of me, jokers to the right,
| D |
Here I am, stuck in the middle with you.

Bridge

| G^7
Well, you started off with nothing,
| | D
And you're proud that you're a self-made man.
| | G
And your friends they all come crawling,
| | D | | Am^7 |
Slap you on the back and say, 'Please,___ please.'___

Link

D
| / / / / | / / / / | / / / / | / / / /

195

Verse 3

| D |

| D |

Trying to make some sense of it all,

| | |

But I can see it makes no sense at all.

| G⁷ | |

Is it cool to go to sleep on the floor?

| D |

Yeah,   I don't think that I can take anymore.

| A⁷ | C   G |

Clowns to the left of me, jokers to the right,

| D |

Here I am, stuck in the middle with you.

Instrumental

D
| / / / / | / / / / | / / / / | / / / /

G⁷   D
| / / / / | / / / / | / / / / | / / / /

A⁷   C   G   D
| / / / / | / / / / | / / / /

Bridge 2

| G⁷

Well, you started off with nothing,

| | D

And you're proud that you're a self-made man.

| | G

And your friends they all come crawling,

| | D | Am⁷ |

Slap you on the back and say, 'Please,___ please.'___

Link 2

D
| / / / / | / / / / | / / / /

Verse 4 | |D |
Well, I don't know why I came here tonight,
| |
I got the feeling that something ain't right.
|G⁷ |
I'm so scared in case I fall off my chair,
|D |
And I'm wondering how I'll get down the stairs.
|A⁷ |C G
Clowns to the left of me, jokers to the right,
|D |
Here I am, stuck in the middle with you.

Coda |D |
Yes I'm   stuck in the middle with you,
| |
Stuck in the middle with you,
| | | ‖
Here I am, stuck in the middle with you.   / /

Summer In The City

Words and Music by
STEVE BOON, JOHN SEBASTIAN AND MARK SEBASTIAN

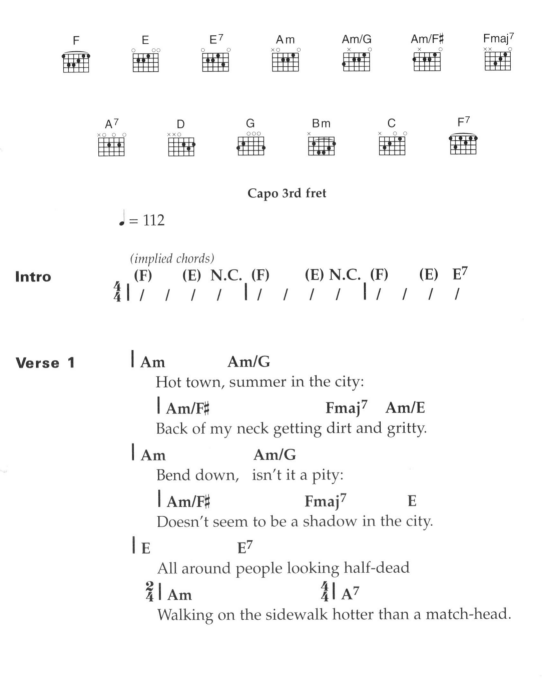

Capo 3rd fret

$\quad$ = 112

Intro

(implied chords)

(F)　(E) N.C. (F)　(E) N.C. (F)　(E) E^7

$\frac{4}{4}$ | / / / / | / / / / | / / / / |

Verse 1

| Am　　　　Am/G
Hot town, summer in the city:

| Am/F♯　　　　　　Fmaj^7　Am/E
Back of my neck getting dirt and gritty.

| Am　　　　　Am/G
Bend down,　isn't it a pity:

| Am/F♯　　　　　Fmaj^7　　　　E
Doesn't seem to be a shadow in the city.

| E　　　　E^7
All around people looking half-dead

$\frac{2}{4}$| Am　　　　　　$\frac{4}{4}$| A^7
Walking on the sidewalk hotter than a match-head.

Chorus

```
|D                    |G
   But at night it's a different world,
|D          |G
   Go out and find a girl.
|D                    G
Come on, come on, and dance all night,
|D              G
Despite the heat it'll be alright.
      |Bm          E
And babe, don't you know it's a pity
      |Bm     E
The days can't be like the nights
      |Bm           E
In the summer in the city,
      |Bm           E
In the summer in the city,
```

Verse 2

```
|Am          Am/G
   Cool town, even in the city
   |Am/F♯              Fmaj7      E
   Dressed so fine and looking so pretty.
|Am        Am/G
   Cool cat looking for a kitty
   |Am/F♯            |Fmaj7      E
   Gonna look in every corner of the city.
|             E7
   Till I'm wheezing like a bus stop
   |Am                      |A7
   Running up the stairs gonna meet you on the rooftop.
```

Chorus 2

| D | G

But at night it's a different world,

| D | G

Go out and find a girl.

| D   G

Come on, come on, and dance all night,

| D   G

Despite the heat it'll be alright.

    | Bm   E

And babe, don't you know it's a pity

    | Bm   E

The days can't be like the nights

     | Bm   E

In the summer in the city,

    | Bm   E

In the summer in the city,

Instrumental   C F^7 N.C.

$\|: / \quad / \quad / \quad / \quad | / \quad / \quad / \quad / : \|$ *(sound effects)*

Link   Am   Am/G   Am/F♯   Fmaj^7 E

$\|: / \quad / \quad / \quad / \quad | / \quad / \quad / \quad / : \|$

Verse 1 | Am   Am/G

Hot town, summer in the city:

| Am/F♯   Fmaj^7 Am/E

Back of my neck getting dirt and gritty.

| Am   Am/G

Bend down,   isn't it a pity:

| Am/F♯   Fmaj^7 E

Doesn't seem to be a shadow in the city.

| E E^7

All around people looking half-dead

$\frac{2}{4}$| Am $\frac{4}{4}$| A^7

Walking on the sidewalk hotter than a match-head.

Chorus 3

|D |G

But at night it's a different world,

|D |G

Go out and find a girl.

|D   G

Come on, come on, and dance all night,

|D   G

Despite the heat it'll be alright.

|Bm   E

And babe, don't you know it's a pity

|Bm   E

The days can't be like the nights

|Bm   E

In the summer in the city,

|Bm   E

In the summer in the city,

Link 2

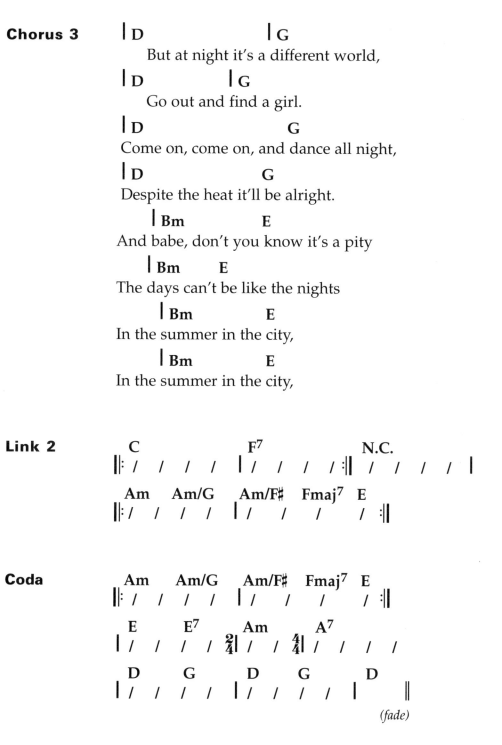

Coda

(fade)

Sunny Afternoon

**Words and Music by
RAYMOND DAVIES**

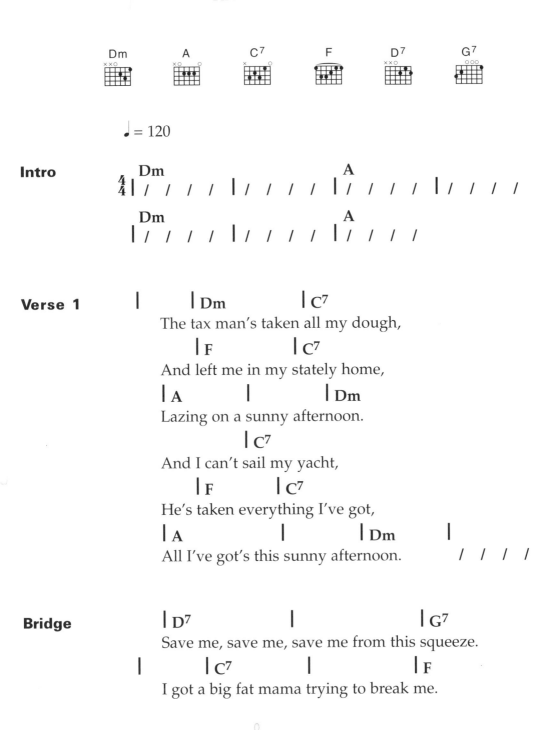

♩ = 120

Intro

Dm   A

$\frac{4}{4}$ | / / / / | / / / / | / / / / | / / / /

Dm   A

| / / / / | / / / / | / / / /

Verse 1

| | Dm | C7
The tax man's taken all my dough,

| F | C7
And left me in my stately home,

| A | | Dm
Lazing on a sunny afternoon.

| C7
And I can't sail my yacht,

| F | C7
He's taken everything I've got,

| A | | Dm |
All I've got's this sunny afternoon.   / / / /

Bridge

| D7 | | G7
Save me, save me, save me from this squeeze.

| | C7 | | F
I got a big fat mama trying to break me.

Chorus | A⁷ | Dm | G⁷ | Dm | G⁷ C⁷
And I love to live so pleasantly, live this life of luxury,

| F | A⁷ | Dm |
Lazing on a sunny afternoon. _____

      | A
In the summertime,

| | Dm | | A
In the summertime,   in the summertime.

Verse 2 | Dm | C⁷
My girlfriend's run off with my car,

   | F | C⁷
And gone back to her Ma and Pa,

| A | | Dm
Telling tales of drunkenness and cruelty.

      | C⁷
Now I'm sitting here,

| F | C⁷
Sipping at my ice-cold beer,

| A | | Dm |
Lazing on a sunny afternoon.   / / / /

Bridge 2 | D⁷ | | G⁷
Help me, help me, help me sail away,

| | C⁷ | | F
Well, give me two good reasons why I ought to stay.

Chorus 2 | A⁷ | Dm | G⁷ | Dm | G⁷ C⁷

And I love to live so pleasantly, live this life of luxury,

| F | A⁷ | Dm |

Lazing on a sunny afternoon. _____

| A

In the summertime,

| | Dm | | A

In the summertime,   in the summertime.

Bridge 3 | | D⁷ | | G⁷

Ah,   save me, save me, save me from this squeeze.

| | C⁷ | | F

I got a big fat mama trying to break me.

Chorus 3 | A⁷ | Dm | G⁷ | Dm | G⁷ C⁷

And I love to live so pleasantly, live this life of luxury,

| F | A⁷ | Dm |

Lazing on a sunny afternoon.

| | A

In the summertime,

‖: | Dm | | A   :‖ A |

In the summertime,   in the summertime.   / / / /

Coda   ‖: Dm   :‖   *to fade*

/ / / /

204

Turn Turn Turn

**Words and Music by
PETE SEEGER**

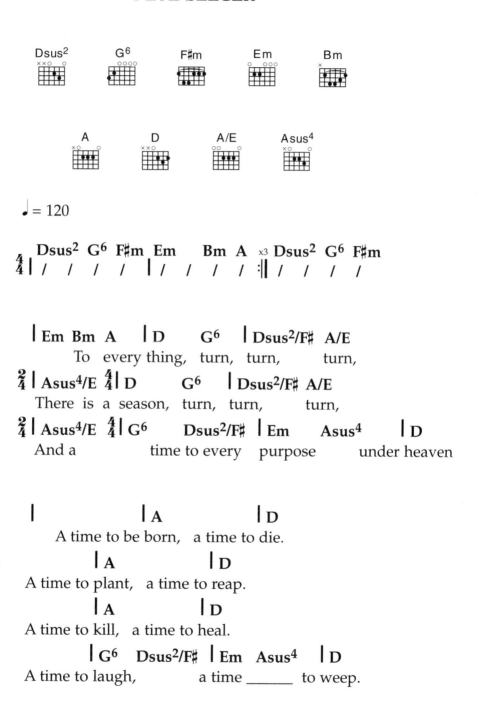

♩ = 120

Intro

$\frac{4}{4}$ | Dsus² G⁶ F♯m Em | Bm A | ×3 Dsus² G⁶ F♯m |

Chorus

| Em Bm A | D G⁶ | Dsus²/F♯ A/E |
To every thing, turn, turn, turn,

$\frac{2}{4}$ | Asus⁴/E $\frac{4}{4}$ | D G⁶ | Dsus²/F♯ A/E |
There is a season, turn, turn, turn,

$\frac{2}{4}$ | Asus⁴/E $\frac{4}{4}$ | G⁶ Dsus²/F♯ | Em Asus⁴ | D |
And a time to every purpose under heaven

Verse 1

| | A | D |
A time to be born, a time to die.

| A | D |
A time to plant, a time to reap.

| A | D |
A time to kill, a time to heal.

| G⁶ Dsus²/F♯ | Em Asus⁴ | D |
A time to laugh, a time _____ to weep.

Chorus 2

| N.C. | D   G^6 | Dsus^2/F$\sharp$ A/E |
To   every thing,   turn,   turn,   turn,

$\frac{2}{4}$| Asus^4/E $\frac{4}{4}$| D   G^6 | Dsus^2/F$\sharp$ A/E
There   is   a   season,   turn,   turn,   turn,

$\frac{2}{4}$| Asus^4/E $\frac{4}{4}$| G^6 Dsus^2/F$\sharp$ | Em   Asus^4 | D |
And a   time to every   purpose   under heaven

Verse 2

         | A | D
A time to build up,   a time to break down.

         | A | D
A time to dance,   a time to mourn.

| A | D
A time   to cast away stones.

       | G^6 Dsus^2/F$\sharp$ | Em   Asus^4 | D
A time to ga - ther   stones ___ together.

Chorus 3

| N.C. | D   G^6 | Dsus^2/F$\sharp$ A/E |
To   every thing,   turn,   turn,   turn,

$\frac{2}{4}$| Asus^4/E $\frac{4}{4}$| D   G^6 | Dsus^2/F$\sharp$ A/E
There   is   a   season,   turn,   turn,   turn,

$\frac{2}{4}$| Asus^4/E $\frac{4}{4}$| G^6 Dsus^2/F$\sharp$ | Em   Asus^4 | D |
And a   time to every   purpose   under heaven

Verse 3

         | A | D
A time of love,   a time of hate.

         | A | D
A time of war,   a time of peace.

| A | D
A time you may embrace.

       | G^6 Dsus^2/F$\sharp$ | Em   Asus^4 | D
A time to re - frain   from _____ embracing.

Guitar solo   N.C.   Dsus^2 G^6 Dsus^2/F♯ A/E   Asus^4
| / / / / / ‖:$\frac{4}{4}$/ / / / | / / / / $\frac{2}{4}$| / / :‖

$\frac{4}{4}$| G^6 Dsus^2/F♯ Em   Asus^4 D
| / / / / | / / / / | / / / / | / / / / |

‖: A   D   x3 G^6 Dsus^2/F♯ Em   Asus^4
| / / / / | / / / / :‖ / / / / | / / / / |

D
| / / / / |

Chorus 4 | N.C. | D   G^6 | Dsus^2/F♯ A/E
                    To every thing, turn, turn,   turn,
$\frac{2}{4}$| Asus^4/E $\frac{4}{4}$| D   G^6 | Dsus^2/F♯ A/E
There is a season, turn, turn,   turn,
$\frac{2}{4}$| Asus^4/E $\frac{4}{4}$| G^6 Dsus^2/F♯ | Em   Asus^4 | D |
And a   time to every purpose   under heaven

Verse 4 | A | D
A time to gain, a time to lose.
                       | A | D
A time to rend, a time to sew.
                       | A | D
A time for love, a time for hate.
                       | G^6 Dsus^2/F♯ | Em   Asus^4 | D | N.C.
A time for peace, ____   I swear it's not too late.   / / / /

Coda   Dsus^2 G^6 F♯m Em Bm A
‖: / / / / | / / / / / :‖ *repeat to fade*

Suzanne

Words and Music by
LEONARD COHEN

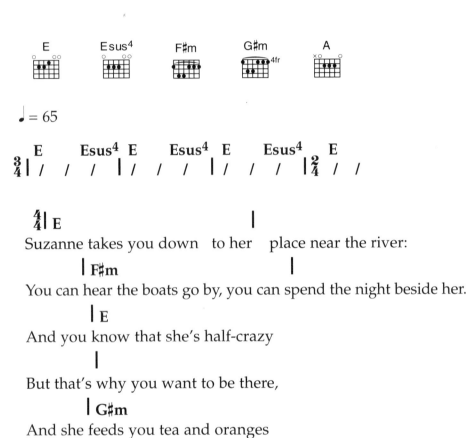

E   Esus⁴   F♯m   G♯m   A

♩ = 65

Intro

$\frac{3}{4}$| E / / / | Esus⁴ E / / | Esus⁴ E / / | Esus⁴ $\frac{2}{4}$| E / /

Verse 1

$\frac{4}{4}$| E |
Suzanne takes you down   to her   place near the river:

| F♯m |
You can hear the boats go by, you can spend the night beside her.

| E
And you know that she's half-crazy

|
But that's why you want to be there,

| G♯m
And she feeds you tea and oranges

| A
That come all the way from China,

| E
And just   when you mean to tell her

| F♯m
That you have no love to give her

| E
Then she gets you on her wavelength

| F♯m
And she lets the river answer

| E
That you've always been her lover.

Chorus $\frac{3}{4}$| E Esus4 E $\frac{4}{4}$| G♯m

And you want to travel with her,

| A

And you want to travel blind,

| E

And you know that she will trust you

| F♯m

For you've touched her perfect body

$\frac{3}{4}$| E   Esus^4 | E   Esus^4 $\frac{2}{4}$| E

With your mind.   / / /

Verse 2 $\frac{4}{4}$| E |

And Jesus was a sailor when he walked upon the water.

| F♯m

And he spent a long time watching

|

From his lonely wooden tower,

| E

And when he knew for certain

|

Only drowning men could see him

| G♯m

He said, 'All men will be sailors then

| A

Until the sea shall free them.'

| E | F♯m

But he himself was broken long before the sky would open;

| E

Forsaken, almost human,

| F♯m $\frac{3}{4}$| E   Esus^4 | E   Esus^4

He sank beneath your wisdom like a stone.   / / /

209

Chorus 2 $\frac{2}{4}$| E $\frac{4}{4}$| G♯m

And you want to travel with him,

|A

And you want to travel blind,

|E

And you think maybe you'll trust him

|F♯m

For he's touched your perfect body

$\frac{3}{4}$| E   Esus⁴ |E   Esus⁴ $\frac{2}{4}$| E

With his mind.   /   /   /

Verse 3 $\frac{4}{4}$| E |

Now   Suzanne takes your hand and she leads you to the river.

|F♯m |

She is wearing rags and feathers from Salvation Army counters,

|E

And the sun pours down like honey

|

On our lady of the harbour.

|G♯m

And she shows you where to look

|A

Among the garbage and the flowers:

|E

There are   heroes in the seaweed,

|F♯m

There are children in the morning

|E

They are leaning out for love,

|F♯m

And they will lean that way forever

|E

While Suzanne holds the mirror.

210

Chorus 3 $\frac{3}{4}$| E Esus4 E $\frac{4}{4}$| G♯m

　　　　　　And you want to travel with her

　　　　　　| A

And you want to travel blind,

　　　　　　| E

And you know that you can trust her

　　　　　　| F♯m

For she's touched your perfect body

　　　　　　$\frac{3}{4}$| E   Esus^4

With her mind.

Coda   E   Esus^4 E

　　　| / / / | ‖

Sweet Home Alabama

Words and Music by
RONALD VAN ZANT, GARY ROSSINGTON
AND EDWARD KING

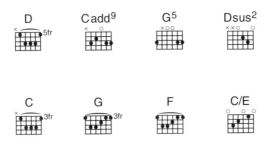

♩ = 98

Intro

D　Cadd⁹　G⁵　　　　　　Dsus²　Cadd⁹　G⁵
4/4 | / / / / | / / / / | :‖: / / / / | / / / / :‖

Verse 1

| Dsus²　Cadd⁹　　　　| G⁵
Big wheels keep on turning,

| Dsus²　　Cadd⁹　　　| G⁵
Carry me home to see my kin;

| Dsus²　Cadd⁹　　　　| G⁵
Singing songs about the south-land

| Dsus²　　Cadd⁹　　| G⁵
I miss Alabamy once again

And I think it's a sin, yes.

Link

D　Cadd⁹　G⁵
‖: / / / / | / / / / :‖

Verse 2

| Dsus²   Cadd⁹ | G⁵

Well, I heard Mister Young sing about her;

| Dsus²   Cadd⁹ | G⁵

Well, I heard 'ole Neil put her down;

| Dsus²   Cadd⁹ | G⁵

Well, I hope Neil Young will remember

| Dsus²   Cadd⁹ | G⁵

A southern man don't need him around anyhow.

Chorus

| D   C | G   C

Sweet home Alabama

| D   C | G   C

Where the skies are so blue.

| D   C | G   C

Sweet home Alabama

| D   C | G   F   C/E

Lord, I'm coming home to you.

Guitar solo   D   Cadd⁹   G⁵

‖: / / / / | / / / / :‖

Verse 2

| Dsus²   Cadd⁹ | G⁵   F   C | Dsus²

In Birmingham they love the Gov'nor, ooh-ooh-ooh.

              Cadd⁹ | G⁵

Now we all did what we could do.

| Dsus²   Cadd⁹ | G⁵

Now Watergate does not   bother me.

| Dsus²   Cadd⁹ | G⁵

Does your conscience bother you?

Tell the truth.

Chorus 2 | D   C | G   C
           Sweet home Alabama

           | D   C | G   C
           Where the skies are so blue.

           | D   C | G   C
           Sweet home Alabama

           | D   C | G
           Lord, I'm coming home to you – here I come, Alabama.

Guitar solo 2 D   C   G   x8
           ‖: / / / / | / / / / :‖

Link   D   Cadd^9 G^5 D   Cadd^9 G^5
           | / / / / | / / / / | / / / / | / / / /

Verse 3 | Dsus^2 Cadd^9 | G^5
           Now Muscle Shoals has got the Swampers

           | Dsus^2 Cadd^9 | G^5
           And they've been known to pick a song or two.

           | Dsus^2 Cadd^9 | G^5
           Lord, they get me off so much,

           | Dsus^2 Cadd^9 | G^5
           They pick me up when I'm feeling blue.

           Now how 'bout you?

Chorus 3 | D   C | G   C

Sweet home Alabama

| D   C | G   C

Where the skies are so blue.

| D   C | G   C

Sweet home Alabama

| D   C | G   F C/E

Lord, I'm coming home to you.

(vocal ad libs)

Chorus 4 | D   C | G   C

Sweet home Alabama

| D   C | G   C

Where the skies are so blue.

| D   C | G   C

Sweet home Alabama

| D   C | G

Lord, I'm coming home to you.

Coda   D   C   G

Piano solo   ‖: / / / / | / / / / :‖ *to fade*

Tempted

Words and Music by
GLENN TILBROOK AND CHRISTOPHER DIFFORD

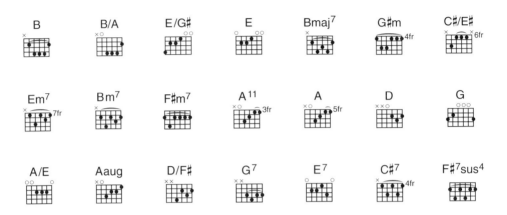

$\quad = 91$

Intro

$\frac{4}{4}$ | B   B/A   /   / | E/G♯   E   /   / | B   B/A   /   / |

Verse 1

| E/G♯   E | B   Bmaj⁷
I bought a toothbrush, some toothpaste,

| G♯m
A flannel for my face,

| C♯/E♯ | Em⁷
Pyjamas,   a hairbrush,   new shoes and a case.

| Bm⁷ | F♯m⁷ | A¹¹   A
I said to my reflection: let's get out of this place. _____

Verse 2

D | E | G
Past the church and the steeple,   the laundry on the hill;

| B | A/E   Aaug
Billboards and the buildings − memories of it still

    | D/F♯ | E
Keep calling and calling

    | D/F♯   G^7 | E   E^7
But forget it all − I know I will.

Chorus

| B   B/A | E/G♯   E
Tempted by the fruit of another,

| B | E/G♯   E
Tempted but the truth is discovered.

        | C♯^{7}
What's been going on?

    | F♯^{7}sus^4 | B   B/A
Now that you have gone   there's no other.

| E/G♯   E | B   B/A
Tempted by the fruit of another,

| E/G♯   E | C♯m^7 | Em^7 |
Tempted but the truth is discovered.   / / / /

Verse 3

| | B   Bmaj^7
I'm at the car park, the airport,

| G♯m
The baggage carousel.

| C♯/E♯ | Em^7
The people keep on crowding,   I'm wishing I was well.

| Bm^7 | F♯m^7 | A^{11} A
I said it's no occasion   it's no story I could tell.

Verse 4

|E |G
At my bedside: empty pocket,   a foot without a sock.
   |B |A/E   Aaug
Your body gets much closer,   I fumble for the clock
   |D/F♯ |E
Alarmed by   the seduction,
   |D/F♯   G^7 |E   E^7
I wish   that it would stop.

Chorus 2

|B   B/A |E/G♯   E
Tempted by the fruit of another,
|B |E/G♯   E
Tempted but the truth is discovered.
         |C♯^{7}
What's been going on?
     |F♯^{7}sus^4 |B   B/A
Now that you have gone   there's no other.
|E/G♯   E |B   B/A
Tempted by the fruit of another,
|E/G♯   E |C♯m^7 |Em^7 |
Tempted but the truth is discovered.   / / / /

Verse 5

| |B   Bmaj^7
I bought a novel, some perfume,
   |G♯m
A fortune all for you,
   |C♯/E♯ |Em^7
But it's not my conscience   that hates to be untrue.
   |Bm^7 |F♯m^7 |A^{11} A D
I asked of my reflection: tell me what is there to do? _____

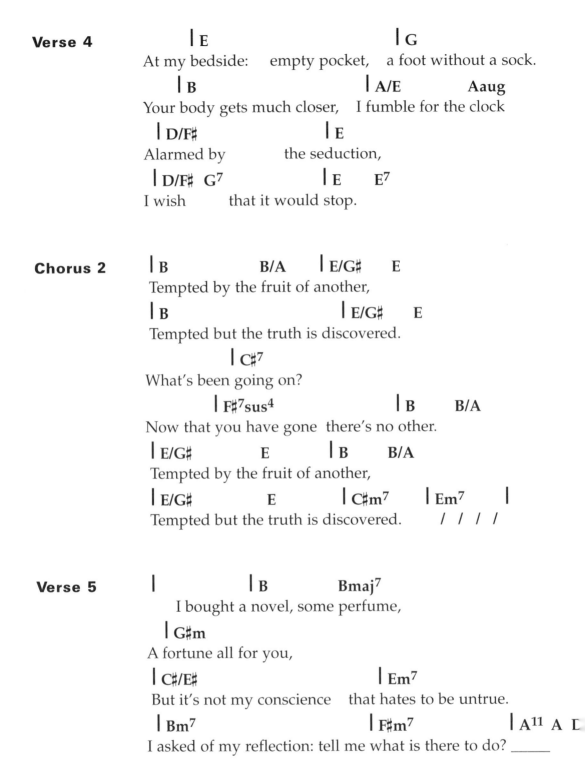

Chorus 3

|B   B/A |E/G♯   E

Tempted by the fruit of another,

|B |E/G♯   E

Tempted but the truth is discovered.

           |C♯⁷

What's been going on?

        |F♯⁷sus⁴ |B   B/A

Now that you have gone there's no other.

|E/G♯   E |B   B/A

Tempted by the fruit of another,

|E/G♯   E |C♯m⁷ | |

Tempted but the truth is discovered.   / / / /

Coda

‖: B   B/A |E/G♯   E

Tempted by the fruit of another,

|B   B/A |E/G♯   E :‖   *repeat to fade*

Tempted but the truth is discovered.

Tequila Sunrise

Words and Music by
DON HENLEY AND GLENN FREY

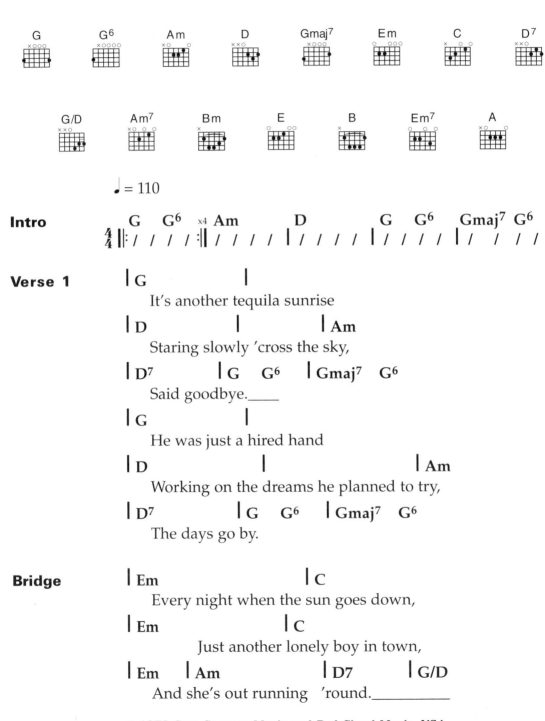

$\quad$ = 110

Intro

$\frac{4}{4}$ ‖: / / / / :‖ G G⁶ x4 Am   D   G G⁶ Gmaj⁷ G⁶
/ / / / | / / / / | / / / / | / / / / | / / / /

Verse 1

| G |
It's another tequila sunrise

| D | | Am
Staring slowly 'cross the sky,

| D⁷ | G G⁶ | Gmaj⁷ G⁶
Said goodbye.____

| G |
He was just a hired hand

| D | | Am
Working on the dreams he planned to try,

| D⁷ | G G⁶ | Gmaj⁷ G⁶
The days go by.

Bridge

| Em | C
Every night when the sun goes down,

| Em | C
Just another lonely boy in town,

| Em | Am | D7 | G/D
And she's out running 'round._____

Verse 2
|G |
    She wasn't just another woman
|D | |Am
    And I couldn't keep from coming on,
|D⁷ |G   G⁶ |Gmaj⁷ G⁶
    It's been so long.
|G |
    Oh and it's a hollow feeling
|D | |Am
    When it comes down to dealing friends
|D⁷ |G   G⁶ |Gmaj⁷ G⁶
    It never ends.

Guitar solo
  G   G⁶   G   G⁶   D
| / / / / | / / / / | / / / / | / / / /
  Am⁷   D   G
| / / / / | / / / / | / / / / | / / / /

Bridge 2
|Am |D
    Take another shot of courage,
|Bm |E |Am⁷ |B
    Wonder why the right words never come,_____
| |Em⁷ |A
    You just get numb.

Verse 3
|G |
    It's another tequila sunrise,
|D | |Am
    This old world still looks the same,
|D⁷ |G   G⁶ |Gmaj⁷ G⁶
    Another frame.

Coda
  G   Gmaj⁷ G⁶   G   G⁶
||: / / / / | / / / / :|| / ||

Venus In Furs

Words and Music by
LOU REED

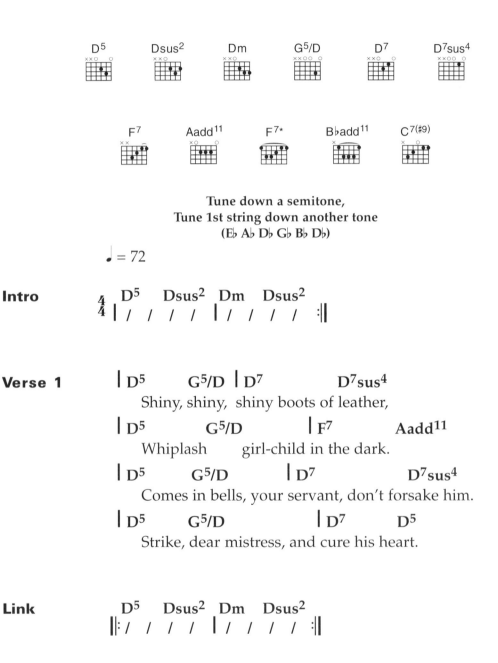

Tune down a semitone,
Tune 1st string down another tone
(E♭ A♭ D♭ G♭ B♭ D♭)

$\downarrow = 72$

Intro $^4_4$ D^5 $Dsus^2$ Dm $Dsus^2$
| / / / / | / / / / :||

Verse 1 | D^5 G^5/D | D^7 D^7sus^4
Shiny, shiny, shiny boots of leather,
| D^5 G^5/D | F^7 $Aadd^{11}$
Whiplash   girl-child in the dark.
| D^5 G^5/D | D^7 D^7sus^4
Comes in bells, your servant, don't forsake him.
| D^5 G^5/D | D^7 D^5
Strike, dear mistress, and cure his heart.

Link D^5 $Dsus^2$ Dm $Dsus^2$
||: / / / / | / / / / :||

Verse 2

| D⁵   G⁵/D | D⁷   D⁷sus⁴

| D^5 G⁵/D | D⁷   D⁷sus⁴
Downy sins   of streetlight fancies

| D^5 G^5/D | F^7 $Aadd^{11}$
Chase the costumes she shall wear.

| D^5 G^5/D | D^7 D^7sus^4
Ermine furs adorn the imperious.

| D^5 G^5/D | D^7 D^5
Severin, Severin awaits you there.

Link 2

D^5 $Dsus^2$ Dm $Dsus^2$
‖: / / / / | / / / / :‖

Bridge

| F^{7*} $B\flat add^{11}$ | $C^{7(\sharp9)}$ F^{7*}
I am tired,   I am weary;

| | $B\flat add^{11}$ $C^{7(\sharp9)}$ | F^{7*}
I could sleep for a thousand years. ___

| | $B\flat add^{11}$ $C^{7(\sharp9)}$ $\frac{2}{4}$ | F^{7*}
A thousand dreams   that would awake me,

| D^5 | D^7 D^5
Different colors made of tears.

Link 3

D^5 $Dsus^2$ Dm $Dsus^2$
‖: / / / / | / / / / :‖

Verse 3

| D^5 G^5/D | D^7 D^7sus^4
Kiss the boot of shiny, shiny leather,

| D^5 G^5/D | F^7 $Aadd^{11}$
Shiny leather in the dark.

| D^5 G^5/D | D^7 D^7sus^4
Tongue of thongs, the belt that does await you.

| D^5 G^5/D | D^7 D^5
Strike, dear mistress, and cure his heart.

Link 4 D^5 $Dsus^2$ Dm $Dsus^2$
‖: / / / / | / / / / :‖

Verse 4 | D^5 G^5/D | D^7 D^7sus^4
        Severin,   Severin, speak so slightly,
        | D^5 G^5/D | F^7 $Aadd^{11}$
        Severin,   down on your bended knee:
        | D^5 G^5/D | D^7 D^7sus^4
        Taste the whip, in love not given lightly.
        | D^5 G^5/D | D^7 D^5
        Taste the whip, now plead for me.

Link 5 D^5 $Dsus^2$ Dm $Dsus^2$
‖: / / / / | / / / / :‖

Bridge | F^{7*} $B\flat add^{11}$ | $C^{7(\sharp9)}$ F^{7*}
        I am tired,   I am weary;
        | | $B\flat add^{11}$ $C^{7(\sharp9)}$ | F^{7*}
        I could sleep for a thousand years. ____
        | | $B\flat add^{11}$ $C^{7(\sharp9)}$ | F^{7*}
        A thousand dreams   that would awake me,
        | D^5 | D^7 D^5
        Different colors made of tears.

Link 6 D^5 $Dsus^2$ Dm $Dsus^2$
‖: / / / / | / / / / :‖

224

Verse 5

| D5   G5/D | D7   D7sus4

Shiny, shiny, shiny boots of leather,

| D5   G5/D | F7   Aadd11

Whiplash girl-child   in the dark.

| D5   G5/D | D7

Severin,   your servant comes in bells,

                     D7sus4

Please don't forsake him.

| D5   G5/D | D7   D5

Strike, dear mistress, and cure his heart.

Coda

         D5   Dsus2   Dm   Dsus2 x4 D5

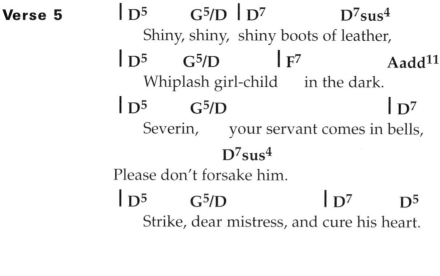

We Gotta Get Out Of This Place

Words and Music by
BARRY MANN AND CYNTHIA WEIL

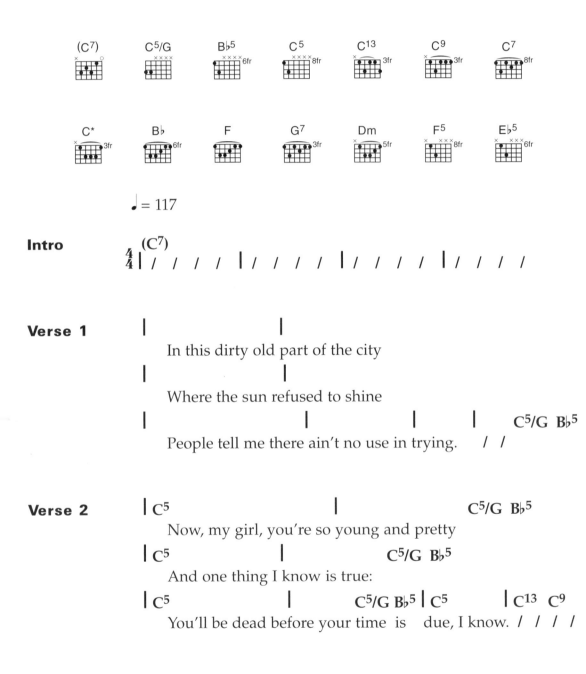

$\quad \bullet = 117$

Intro

$\frac{4}{4}$ (C⁷)

Verse 1

In this dirty old part of the city

Where the sun refused to shine

People tell me there ain't no use in trying.   C⁵/G B♭⁵

Verse 2

C⁵
Now, my girl, you're so young and pretty   C⁵/G B♭⁵

C⁵
And one thing I know is true: C⁵/G B♭⁵

C⁵
You'll be dead before your time is   due, I know. C⁵/G B♭⁵ | C⁵ | C¹³ C⁹

| C⁷ | C* B♭
Watched my Daddy in bed a-dying,
| C⁷ | C* B♭
Watched his hair been turning grey.
| C⁷ | C* B♭ | C⁷
He's been working and slaving his life a - way.
| C* B♭
Oh yes I know it.

Prechorus
| C⁷ | C* B♭
(Yeah!) He's been working so
{ | C⁷ | C* B♭ | C⁷
hard. I've been working too,
(Yeah!)
{ | C* B♭
baby. Every night and
(Yeah!)
{ | C⁷ |
day.
(Yeah, yeah, yeah, yeah!)

Chorus
| F | B♭ C*
We gotta get out of this place
| F | G⁷ C*
If it's the last thing we ever do.
| F | B♭ C*
We gotta get out of this place.
| Dm | N.C.
Girl, there's a better life for me and you.

Link
F⁵ E♭⁵ B♭⁵ C⁵
‖: / / / / | / / / / :‖

Verse 2

| C⁵ | | C⁵/G B♭⁵

$\vert$ C^5 $\vert$ $\vert$ C^5/G B♭^{5}

Now, my girl, you're so young and pretty

$\vert$ C^5 $\vert$ C^5/G B♭^{5}

And one thing I know is true:

$\vert$ C^5 $\vert$ C^5/G B♭^{5} $\vert$ C^5 $\vert$ C^{13} C^9

You'll be dead before your time is due, I know. / / / /

$\vert$ C^7 $\vert$ C* B♭

Watched my Daddy in bed a-dying,

$\vert$ C^7 $\vert$ C* B♭

Watched his hair been turning grey.

$\vert$ C^7 $\vert$ C* B♭ $\vert$ C^7

He's been working and slaving his life a - way.

$\vert$ C* B♭

Oh yes I know it.

Prechorus 2

$\vert$ C^7 $\vert$ C* B♭

(Yeah!) I've been working too, ba - by.

$\vert$ C^7 $\vert$ C*

(Yeah!) Every day, baby.

B♭ $\vert$ C^7 $\vert$ C* B♭

Whoa!_____

$\vert$ C^7 $\vert$

(Yeah, yeah, yeah, yeah!).

Chorus 2

$\vert$ F $\vert$ B♭ C*

We gotta get out of this place

$\vert$ F $\vert$ G^7 C*

If it's the last thing we ever do.

$\vert$ F $\vert$ B♭ C*

We gotta get out of this place.

$\vert$ Dm $\vert$ N.C. $\vert$ F^5 E♭^{5}

Girl, there's a better life for me and you. / / / /

B♭^{5} C^5 $\vert$ F^5 E♭^{5} $\vert$ B♭^{5} C^5

Somewhere baby, somehow I know it.

Chorus 3 | F | B♭   C*
          We gotta get out of this place
              | F | G⁷ C*
          If it's the last thing we ever do.
              | F | B♭   C*
          We gotta get out of this place.
          | Dm | N.C. | F⁵   E♭⁵
              Girl, there's a better life for me and you.   / / / /
              | B♭⁵   C⁵
          Believe me, baby.
          | F⁵ E♭⁵ | B♭⁵ C⁵
              I know it, baby.
                              | F⁵   E♭⁵ | B♭⁵ C⁵ ‖
          You know it too.   / / / /   / / / /

Whiter Shade Of Pale

Words and Music by
KEITH REID AND GARY BROOKER

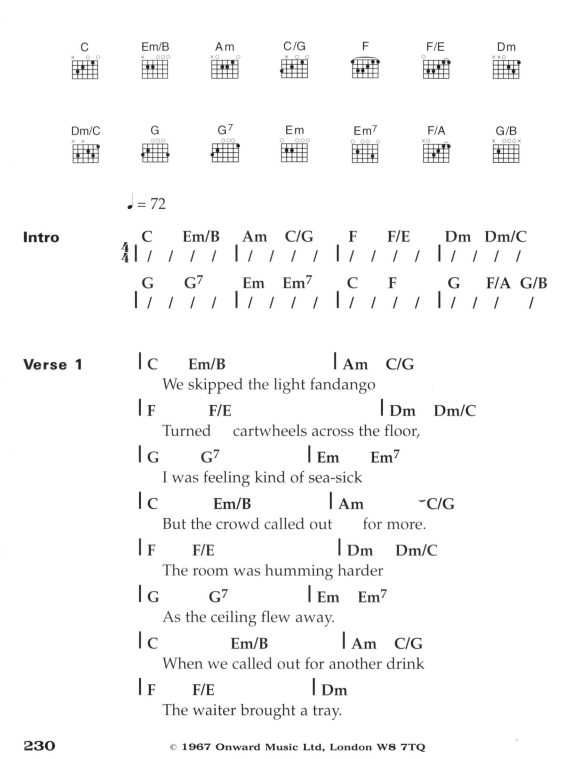

♩ = 72

Intro

| C | Em/B | Am | C/G | F | F/E | Dm | Dm/C |

4/4 | / / / / | / / / / | / / / / | / / / / |

| G | G⁷ | Em | Em⁷ | C | F | G | F/A G/B |

| / / / / | / / / / | / / / / | / / / / |

Verse 1

| C   Em/B | Am   C/G
We skipped the light fandango

| F   F/E | Dm   Dm/C
Turned   cartwheels across the floor,

| G   G⁷ | Em   Em⁷
I was feeling kind of sea-sick

| C   Em/B | Am   ⌐C/G
But the crowd called out   for more.

| F   F/E | Dm   Dm/C
The room was humming harder

| G   G⁷ | Em   Em⁷
As the ceiling flew away.

| C   Em/B | Am   C/G
When we called out for another drink

| F   F/E | Dm
The waiter brought a tray.

Chorus 1

G | C   Em/B | Am   C/G
And so it was,_____ that later,_____

| F   F/E | Dm   Dm/C
    As the miller told his tale,

| G G^7 | Em Em^7
    That her face, at first just ghostly,

        | C   F | C G^7
Turned a   whiter   shade of pale.

Instrumental   C   Em/B   Am   C/G   F   F/E   Dm   Dm/C
| / / / / / | / / / / | / / / / | / / / /

     G G^7 Em Em^7 C   F   G   F/A G/B
| / / / / / | / / / / | / / / / | / / /   /

Verse 2 | C   Em/B | Am   C/G
        She said, 'There is no reason,

| F   F/E | Dm   Dm/C
    And the truth is plain to see.'___

| G G^7 | Em Em^7
    But I wandered through my playing cards

| C   Em/B | Am   C/G
    And would not let her be

| F   F/E | Dm   Dm/C
    One of sixteen vestal virgins

| G G^7 | Em Em^7
    Who were leaving for the coast,

| C   Em/B | Am   C/G
    And although my eyes   were open

| F   F/E | Dm
    They might just as well have been closed.

Chorus 2

G |C Em/B |Am C/G
And so it was,_____ that later,_____

  |F   F/E |Dm Dm/C
  As the miller told his tale,

  |G   G7 |Em   Em7
  That her face, at first just ghostly,

     |C   F |C G7
Turned a   whiter   shade of pale.

Instrumental   C   Em/B   Am C/G   F   F/E   Dm Dm/C
|/ / / / |/ / / / |/ / / / |/ / / /

  G   G7   Em Em7   C   F
|/ / / / |/ / / / |/ / / /

Chorus 3   G |C Em/B |Am   C/G | *(fade)*
  And so it was,_____ that later,____

You're My Best Friend

Words and Music by
JOHN DEACON

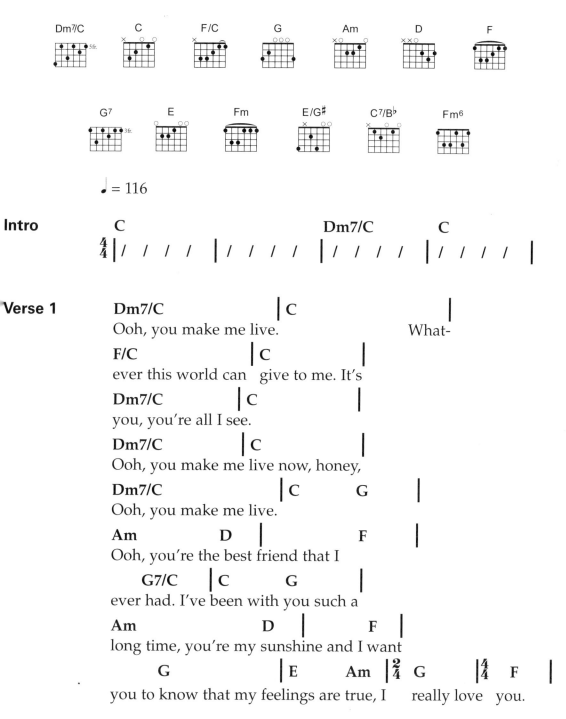

♩ = 116

Intro

| C | | Dm7/C | C |

4/4 | / / / / | / / / / | / / / / | / / / / |

Verse 1

Dm7/C |**C** |
Ooh, you make me live.   What-

F/C |**C** |
ever this world can give to me. It's

Dm7/C |**C** |
you, you're all I see.

Dm7/C |**C** |
Ooh, you make me live now, honey,

Dm7/C |**C**   **G** |
Ooh, you make me live.

Am   **D** | **F** |
Ooh, you're the best friend that I

     G7/C |**C**   **G** |
ever had. I've been with you such a

Am   **D** | **F** |
long time, you're my sunshine and I want

       G |**E**   **Am** |2/4 **G** |4/4 **F** |
you to know that my feelings are true, I   really love you.

Chorus 1

Fm | C |
Oh, you're my best friend.

                           | Dm7/C |
                          Ooh, you make me live.

C   E/G♯ | Am C7/B♭ |
Ooh,   I've been wandering round,

F | Fm6 |
But I still come back to you,   In

G   E/G♯ | Am   D | G |
rain or shine you've stood by me, girl, I'm happy at home,

                       | C | |
you're my best friend.

Verse 2

Dm7/C | C |
Ooh, you make me live.   When-

F/C | C |
ever this world is cruel to me, I got

Dm7/C | C |
you to help me forgive.

Dm7/C | C |
Ooh, you make me live now, honey,

Dm7/C | C   G |
Ooh, you make me live.

Am   D | F |
Ooh, you're the first one. When things

        G7 | C   G |
turn out bad. You know I'll never be

Am   D | F |
lonely. You're my only one and I love

     G | E   Am |
the things, I really love the

²⁄₄ G | ⁴⁄₄ F |
things that   you do.

234

Chorus 2   *(as Chorus 1)*

Coda

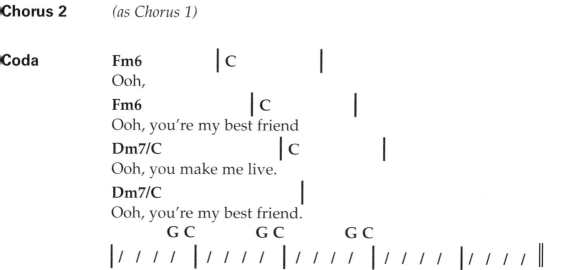

Fm6 | C |
Ooh,
Fm6 | C |
Ooh, you're my best friend
Dm7/C | C |
Ooh, you make me live.
Dm7/C |
Ooh, you're my best friend.

G C   G C   G C
| / / / / | / / / / | / / / / | / / / / | / / / / ‖

Wuthering Heights

**Words and Music by
KATE BUSH**

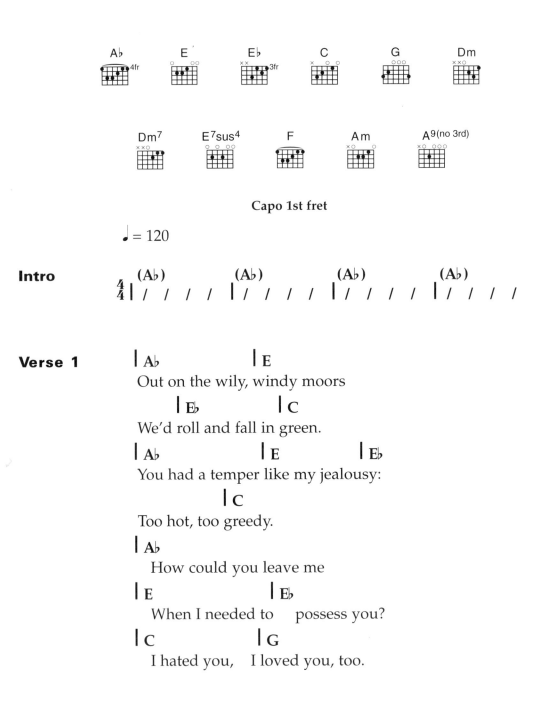

Capo 1st fret

♩ = 120

Intro
$\frac{4}{4}$ |(A♭) / / / / |(A♭) / / / / |(A♭) / / / / |(A♭) / / / /

Verse 1

|A♭ |E
Out on the wily, windy moors

  |E♭ |C
We'd roll and fall in green.

|A♭ |E |E♭
You had a temper like my jealousy:

          |C
Too hot, too greedy.

|A♭
  How could you leave me

|E |E♭
  When I needed to   possess you?

|C |G
  I hated you,   I loved you, too.

Prechorus

| Dm Dm⁷ | E⁷sus⁴
Bad dreams in the night:
| Dm   Dm⁷ | E⁷sus⁴
They told me I was going to lose the fight,
| Dm   Dm⁷ | E⁷sus⁴ |
Leave behind my wuthering, wuthering, Wuthering Heights.

Chorus

| F   Dm | G
Heathcliff,   it's me, I'm Cathy,
²⁄₄| C   ⁴⁄₄| F
I've come home, I'm   so cold,_____
| F   G   ²⁄₄| C   ⁴⁄₄| F
Let me in-a-your window._____
| Dm | G
Heathcliff,   it's me, I'm Cathy,
²⁄₄| C   ⁴⁄₄| F
I've come home, I'm   so cold,_____
| F   G   ²⁄₄| C   ⁴⁄₄| F | A♭
Let me in-a-your window._____ / / / / / / /

Verse 2

| A♭ | E
Ooh, it gets dark,   it gets lonely,
| E♭ | C
On the other side from you.
| A♭ | E
I pine a lot,   I find the lot
| E♭ | C
Falls through without you.
| A♭
I'm coming back, love,
| E | E♭ | C | G
Cruel Heathcliff: my one dream,   my only master.

237

Prechorus 2 |Dm   Dm^7 |E^{7}sus^4

Too long I roam in the night;

|Dm   Dm^7 |E^{7}sus^4

I'm coming back to his side to put it right;

|Dm   Dm^7 |E^{7}sus^4 |

I'm coming home to wuthering, wuthering, Wuthering Heights

Chorus 2 |F Dm |G

Heathcliff,   it's me, I'm Cathy,

$\frac{2}{4}$|C $\frac{4}{4}$|F

I've come home, I'm   so cold,_____

|F   G $\frac{2}{4}$|C $\frac{4}{4}$|F

Let me in-a-your window._____

| Dm |G

Heathcliff,   it's me, I'm Cathy,

$\frac{2}{4}$|C $\frac{4}{4}$|F

I've come home, I'm   so cold,_____

|F   G $\frac{2}{4}$|C $\frac{4}{4}$|F

Let me in-a-your window._____

Bridge |Am |G

Ooh! Let me have it,

|F |Dm C

Let me grab your soul away.

|Am |G

Ooh! Let me have it,

|F |Dm C

Let me grab your soul away.

|Am |A$^{9(no\ 3rd)}$ |F |Am

You know it's me,   Cathy. / / /   / / / /

238

Chorus 3 |Am |F Dm |G
     / / / Heathcliff,   it's me, I'm Cathy,
          $\frac{2}{4}$| C $\frac{4}{4}$| F
     I've come home, I'm   so cold,_____
          | F   G $\frac{2}{4}$| C $\frac{4}{4}$| F
          Let me in-a-your window._____
               | Dm |G
     Heathcliff,   it's me, I'm Cathy,
          $\frac{2}{4}$| C $\frac{4}{4}$| F
     I've come home, I'm   so cold,_____
          | F   G $\frac{2}{4}$| C $\frac{4}{4}$| F
          Let me in-a-your window._____

Coda | Dm |G
     Heathcliff,   it's me, I'm Cathy,
          $\frac{2}{4}$| C $\frac{4}{4}$| F | G $\frac{2}{4}$| C $\frac{4}{4}$| F
     I've come home, I'm   so cold,_____   / / / / / /

Guitar solo   F   Dm   G   C   F
     ‖: / / / / | / / / / $\frac{2}{4}$| / / $\frac{4}{4}$| / / / /
          F   G   C   F
     | / / / / $\frac{2}{4}$| / / $\frac{4}{4}$| / / / / :‖

You've Got A Friend

Words and Music by
CAROLE KING

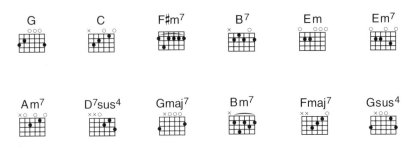

Capo 2nd fret

♩ = 90

Intro

$\frac{4}{4}$ | G / / / / | C / / / / | G / / / / |

Verse 1

| F#m7   B7 | Em | B7
When you're down and troubled
| Em   B7 | Em7
And you need a helping hand
| Am7 | D7sus4 | G |
And nothing,   whoa, nothing is going right,   / / / /
| F#m7 | B7
Close your eyes and think of me
| Em   B7 | Em7
And soon I   will be there
| Am7 | B7 | D7sus4
To brighten up   even your darkest nights.

Chorus 1

| | G | Gmaj7 | C | Am7

You just call out my name, and you know wherever I am

| D7sus4 | G | Gmaj7 | D7sus4 |

I'll come running, oh yeah baby, to see you again.　　/ / / /

| G | Gmaj7 | C | Em

Winter, spring, summer, or fall,　　all you got to do is call

| C　　Bm7 | D7sus4

And I'll be there,　　yeah, yeah, yeah.

| G

You've got a friend.

Link

　　C　　　　　　G
| / / / / | / / / / |

Verse 2

| F#m7　B7 | Em | B7 | Em

If the sky__ above you should turn　　dark

　　B7 | Em7

And full of clouds

| Am7 | D7sus4 | G |

And that old north wind　should begin to blow,__　　/ / / /

| F#m7 | B7 | Em　B7 | Em7

Keep your head together　and call my name out loud

| Am7 | B7 | D7sus4

Soon I'll　be knocking upon your door.

Chorus 2

| | G | Gmaj7 | C | Am7

You just call out my name and you know wherever I am

| D7sus4 | G | | D7sus4 |

I'll　come　running, oh yes I will,　　to see you again.

| G | Gmaj7 | C | Em

Winter,　spring,　summer or fall,　　all you got to do is call

| C　　Bm7 | D7sus4

And I'll be there, yeah, yeah, yeah.

Bridge

| Fmaj7 | C

Hey, ain't it good to know that you've got a friend

| G | Gmaj7

When people can be so cold ?

| C | Fmaj7

They'll hurt you and desert you,

| Em7 | A7

Well they'll take your soul if you let them.

| D7sus4

Oh yeah, but don't you let them.

Chorus 3

| | G | Gmaj7 | C | Am7

You just call out my name and you know wherever I am

| D7sus4 | G | | D7sus4

I'll come running   to see you again.

|

Oh babe, don't you know that,

| G | Gmaj7

Winter spring summer or fall, hey now,

| C | Em

All you've got to do is call._____

| C   Bm7

Lord, I'll be there, yes I will.

| D7sus4 | G

You've got a friend.

Coda

| C | G

You've got a friend –

| C | G

Ain't it good to know you've got a friend,

| C | G

Ain't it good to know you've got a friend,

| C | Gsus4 G ‖

Oh yeah, yeah, you've got a friend.

Also Available

Seventy classic songs with complete lyrics, guitar chord boxes and chord symbols

Essential Acoustic Playlist

Blink 182 Embrace The Rolling Stones Elbow The Verve Talking Heads Beth Orton Primal Scream Aerosmith Crowded House The Electric Soft Parade R.E.M. Morrissey Tracy Chapman Sum 41 The White Stripes Lenny Kravitz Turin Brakes Teenage Fanclub Green Day The Smiths The Eagles Dido Lemonheads Radiohead Sixpence None The Richer Black Rebel Motorcycle Club Doves Supergrass Counting Crows Foo Fighters Eels Eva Cassidy Moby Gomez Eagle-Eye Cherry Badly Drawn Boy Semisonic The Bluetones Sheryl Crow Ed Harcourt Blur Richard Ashcroft Jewel Wheatus Jim Croce The Kinks Chris Isaak Paul Weller

International Music Publications Limited

Essential Acoustic Playlist

9701A   VG   ISBN: 1-84328-207-0

All The Small Things (Blink 182) – All You Good Good People (Embrace) – Angie (The Rolling Stones) – Any Day Now (Elbow) – Bittersweet Symphony (The Verve) – Buddy (Lemonheads) – Burning Down The House (Talking Heads) – Central Reservation (Beth Orton) – Come Together (Primal Scream) – Cryin' (Aerosmith) – Don't Dream It's Over (Crowded House) – The Drugs Don't Work (The Verve) – Empty At The End (Electric Soft Parade) – Everybody Hurts (R.E.M.) – Everyday Is Like Sunday (Morrissey) – Fast Car (Tracey Chapman) – Fat Lip (Sum 41) – Fell In Love With A Girl (The White Stripes) – Fireworks (Embrace) – Fly Away (Lenny Kravitz) – Future Boy (Turin Brakes) – Going Places (Teenage Fanclub) – Good Riddance (Green Day) – Heaven Knows I'm Miserable (The Smiths) – Hotel California (The Eagles) – Hotel Yorba (The White Stripes) – Hunter (Dido) – It's A Shame About Ray (Lemonheads) – Karma Police (Radiohead) – Kiss Me (Sixpence None The Richer) – Losing My Religion (R.E.M.) – Love Burns (Black Rebel Motorcycle Club) – The Man Who Told Everything (Doves) – Mansize Rooster (Supergrass) – Mellow Doubt (Teenage Fanclub) – Movin' On Up (Primal Scream) – Moving (Supergrass) – Mr. Jones (Counting Crows) – Next Year (Foo Fighters) – Novocaine For The Soul (Eels) – Over The Rainbow (Eva Cassidy) – Panic (The Smiths) – Porcelain (Moby) – Pounding (Doves) – Powder Blue (Elbow) – Rhythm & Blues Alibi (Gomez) – Save Tonight (Eagle Eye Cherry) – Silent Sigh (Badly Drawn Boy) – Secret Smile (Semisonic) – Shot Shot (Gomez) – Silent To The Dark (Electric Soft Parade) – Slight Return (The Bluetones) – Soak Up The Sun (Sheryl Crow) – Something In My Eye (Ed Harcourt) – Something To Talk About (Badly Drawn Boy) – Song 2 (Blur) – Song For The Lovers (Richard Ashcroft) – Standing Still (Jewel) – Street Spirit (Fade Out) (Radiohead) – Teenage Dirtbag (Wheatus) – Tender (Blur) – There Goes The Fear (Doves) – Time In A Bottle (Jim Croce) – Underdog (Save Me) (Turin Brakes) – Walking After You (Foo Fighters) – Warning (Green Day) – Waterloo Sunset (The Kinks) – Weather With You (Crowded House) – Wicked Game (Chris Isaak) – Wild Wood (Paul Weller)

Also Available

Fifteen classic songs with complete lyrics,
guitar chord boxes and chord symbols,
and a Strumalong backing CD.

CD Included

Essential
Acoustic
Strumalong

Embrace Idlewild
The Verve Supergrass
The White Stripes
Radiohead Black
Rebel Motorcycle Club
Elbow Starsailor
Badly Drawn Boy The
Electric Soft Parade
Blur Stereophonics
Doves Turin Brakes

International Music Publications Limited

Essential Acoustic Strumalong

9808A   BK/CD   ISBN: 1-84328-335-2

All You Good Good People (Embrace) – American English (Idlewild) – The Drugs
Don't Work (The Verve) – Grace (Supergrass) – Handbags And Gladrags
(Stereophonics) – Hotel Yorba (The White Stripes) – Karma Police (Radiohead) –
Love Burns (Black Rebel Motorcycle Club) – Poor Misguided Fool (Starsailor) –
Powder Blue (Elbow) – Silent Sigh (Badly Drawn Boy) – Silent To The Dark (The
Electric Soft Parade) – Tender (Blur) – There Goes The Fear (Doves) – Underdog
(Save Me) (Turin Brakes)

AS0